# Pour comprendre LES MATHS

**Adapté au programme marocain**

PROGRAMME 2020

6e CYCLE 3

## Guide pédagogique

N. Bramand
*Professeur des écoles*

S. Delsalle
*Professeur des écoles*

É. Lafont
*Professeur des écoles*

C. Maurin
*Formateur en mathématiques*

D. Peynichou
*Maître formateur*

A. Vargas
*Directeur d'école*



hachette
ÉDUCATION

Création de la maquette de couverture : Florence Le Maux

Exécution de la maquette de couverture : Médiamax

Création de la maquette intérieure : Florence Le Maux

Mise en pages : Médiamax

Dessins techniques : Jacky Choi, Anaïs Thibaud

Fabrication : Marc Chalmin

Édition : Thierry Amouzou

PAPIER À BASE DE FIBRES CERTIFIÉES

hachette s'engage pour l'environnement en réduisant l'empreinte carbone de ses livres. Celle de cet exemplaire est de :

**0,600 kg éq. $CO_2$**

Rendez-vous sur www.hachette-durable.fr

ISBN : 978-2-01-711565-6



www.hachette-education.com

# Sommaire

# D Évaluation diagnostique

Fichier pp. 7-9

## Remarques préalables

L'évaluation diagnostique de début d'année vise à évaluer les acquis des apprenants et à détecter précocement les lacunes et carences dans les différents domaines mathématiques décrits dans les cadres de référence.
L'analyse des réponses des élèves aura pour objectif de faciliter la consolidation et la remédiation. L'aide de l'enseignant devra être minimale.
Le matériel suivant sera nécessaire : crayon gris, gomme, règle graduée, équerre, rapporteur, crayons de couleur.
Il sera également utile de rappeler la signification des consignes essentielles : écris, entoure, complète, souligne, range, pose, effectue, calcule, convertis, justifie, trace.

## Consignes de passation

Pour chaque exercice, les élèves travaillent individuellement. Lire une fois la consigne à haute voix. Laisser un temps raisonnable pour réfléchir, et choisir ou écrire la réponse correspondante.

| Connaissances et compétences | Consigne orale | Commentaires |
|---|---|---|
| **1.** Lire les nombres entiers jusqu'à 999 999 999. | « Dans chaque série, je vais dicter deux nombres. Vous allez entourer ces deux nombres. » « Série bleue, 320 000, 30 200 000. » « Série rouge, 4 000 850 ; 45 008 000. » | On évalue la reconnaissance fine de nombres dictés. Les zéros constitutifs des nombres proposés représentent la plus grande difficulté de cet exercice. |
| **2.** Écrire les nombres entiers jusqu'à 999 999 999. | « Lisez les deux nombres écrits en lettres, et écrivez ces nombres en chiffres dans les pointillés de droite. » | Il s'agit dans cet exercice de s'assurer de la connaissance de la correspondance entre écriture littérale et écriture chiffrée, jusqu'aux millions. |
| **3.** Décomposer les nombres jusqu'à 999 999 999. | « Observez la première ligne du tableau. Vous voyez le nombre 5 800 000 écrit de trois manières différentes. Vous devez compléter les deux autres lignes du tableau de la même façon. » | L'accent est mis sur la connaissance des classes des milliers et des millions, mobilisées dans la décomposition de trois nombres (décomposition en unités de numération, et décomposition canonique mixte). |
| **4.** Ranger les nombres jusqu'à 999 999 999. | « Vous devez ranger ces cinq nombres dans l'ordre décroissant. » Lire les nombres un à un. | La méthode de rangement classique des nombres entiers est évaluée (comptage du nombre de chiffres, puis comparaison deux à deux si nécessaire). |
| **5.** Connaître les multiples d'un nombre. | « Vous devez écrire les cinq premiers multiples de 4, puis les cinq premiers multiples de 9. » | Multiples de 4 ; 8 ; 12 ; 16 ; 20<br>Multiples de 9 ; 18 ; 27 ; 36 ; 45<br>On accepte l'oubli du zéro qui est le premier multiple de n'importe quel nombre entier. |
| **6.** Connaître les règles de divisibilité par 3 et par 5. | Travailler en deux temps. « Dans cette liste de huit nombres, vous allez entourer ceux qui sont divisibles par 5. » « Vous allez maintenant souligner les nombres qui sont divisibles par 3. » | Les règles de divisibilité ont été abordées en CM1. Un nombre se terminant par 0 ou 5 est divisible par 5 : 75 ; 160 ; 555<br>Un nombre dont la somme des chiffres est un multiple de 3, est divisible par 3 : 54 ; 75 ; 906 ; 555. |
| **7.** Additionner et soustraire des nombres fractionnaires. | « Vous allez devoir calculer le résultat de ces deux opérations avec des fractions. Faites attention aux signes des opérations. » | La première opération est simple car les dénominateurs sont identiques. Les résultats $\frac{4}{8}$ et $\frac{1}{2}$ sont corrects.<br>La soustraction est plus compliquée, la fraction $\frac{3}{4}$ doit être transformée en $\frac{6}{8}$. |
| **8.** Calculer l'inverse d'un nombre. | « Écrivez l'inverse des nombres qui vous sont proposés : 4 ; $\frac{1}{8}$ ; $\frac{3}{2}$ ; et $\frac{12}{7}$. » | Le produit d'un nombre par son inverse est égal à 1. Il suffit de permuter le numérateur et le dénominateur d'un nombre fractionnaire pour obtenir son inverse. |
| **9.** Multiplier et diviser des nombres fractionnaires. | « Calculez le résultat de ces multiplications et de ces divisions avec des fractions. » Rappeler : « pour diviser un nombre par une fraction, on multiplie par l'inverse de la fraction. » | La multiplication est plus intuitive que l'addition ou la soustraction car on multiplie les numérateurs entre eux et les dénominateurs entre eux. La division nécessite la maîtrise de l'inverse d'un nombre. |
| **10.** Poser et effectuer une multiplication. | « Dans le quadrillage vous allez devoir poser et calculer le résultat de la multiplication 6 285 × 734. Faites attention à l'alignement des nombres. » | On évalue ici la maîtrise de la pose de l'opération, et la gestion des zéros dans les calculs intermédiaires. 6 285 × 734 = 4 613 190 |
| **11.** Connaître les propriétés de la multiplication. | « Calculez le résultat de ces trois opérations. Observez bien la position des parenthèses. » | Dans cet exercice, la règle de priorité de la multiplication sur l'addition et la soustraction est mise au second plan à cause de la présence des parenthèses. |

| Connaissances et compétences | Consigne orale | Commentaires |
|---|---|---|
| **12.** Décomposer les puissances 2 et 3 en produits. | « Écrivez le produit correspondant à 6 au carré, puis à 2 au cube. Calculez ensuite les résultats. » | On vérifie la connaissance de l'écriture « carré » et « cube », et du produit correspondant. |
| **13.** Additionner, soustraire et multiplier des nombres décimaux. | « Vous devez poser et calculer le résultat de ces trois opérations avec des nombres décimaux. Il est important d'aligner correctement les nombres pour ne pas faire d'erreur de calcul. » | Les opérations sur les nombres décimaux ne diffèrent pas techniquement de celles utilisant des nombres entiers. La difficulté réside essentiellement dans la gestion de la virgule lors de la pose et dans le résultat. |
| **14.** Calculer le quotient décimal de deux nombres entiers. | « Effectuez la division de 268 par 5, afin de trouver le quotient exact de cette opération. Cela signifie que le reste sera égal à zéro. » | On évalue ici la connaissance de la technique de la division posée, lorsque le dividende et le diviseur sont des nombres entiers (alignement des nombres, gestion des virgules). |
| **15.** Calculer un pourcentage. | « Lisez l'énoncé de ce problème. Il y a 40 g de beurre dans ce gâteau qui pèse 200 g. À quel pourcentage correspond la masse de beurre ? » | Un pourcentage est une fraction décimale dont le dénominateur est égal à 100. Calculer un pourcentage revient à effectuer une règle de proportionnalité. |
| **16.** Compléter un tableau de nombres proportionnels. | « Lisez l'énoncé de cet exercice. Complétez le tableau en calculant la distance parcourue par le train pour chaque durée. » | La vitesse moyenne correspond à la vitesse à laquelle le train aurait roulé si elle avait été constante pendant tout le parcours. On établit donc une relation proportionnelle entre distance et durée. |
| **17.** Lire et interpréter un graphique en colonnes. | « Lisez l'énoncé de cet exercice, puis observez le graphique. Que représente-t-il ? » S'assurer de la compréhension de la troisième question. | La troisième question est celle qui va évaluer la capacité de traitement des données prélevées par l'élève. Il faut s'apercevoir que le prix de A est légèrement inférieur à 3 000 Dh, donc on peut acheter 3 modèles A. |
| **18.** Convertir et comparer des mesures de longueur, de masse, de capacité et d'aire. | « Dans cet exercice vous allez devoir convertir des mesures de longueur, de masse et de capacité, puis des mesures d'aire. » | Si les tableaux de correspondance des mesures simples sont connus, l'exercice est assez simple. En revanche les conversions d'aires (facteur 100 entre deux unités), et la correspondance avec les mesures agraires est plus difficile. |
| **19.** Convertir des mesures de temps. | « Vous devez compléter ces conversions de durées. Rappelez-vous des relations entre les heures et les minutes, et entre les minutes et les secondes. » | À l'entrée en 6$^e$, la connaissance des relations entre les unités de durée est essentielle : 1 h = 60 min ; 1 min = 60 s. |
| **20.** Additionner des durées. | « On veut additionner deux durées : 14 min 29 s et 28 min 53 s. Posez l'addition, calculez le résultat, et n'oubliez pas à la fin de convertir la durée que vous aurez obtenue. » | Les opérations dans le système sexagésimal sont compliquées car si techniquement elles sont semblables à celle du système décimal, l'élève doit avoir compris le concept de retenue en base 60. Concrètement, dans le cas de l'addition il faut convertir le résultat de l'opération. |
| **21.** Calculer l'aire des polygones usuels. | « Voici deux figures. Pouvez-vous nommer la figure A et la figure B ? » « Vous allez devoir maintenant calculer l'aire du triangle A et du parallélogramme B, en utilisant les formules de calcul de ces aires. » | Si les formules de calcul des aires des figures simples ne sont pas connues, l'exercice ne peut pas être réalisé. $A_{(triangle)} = \frac{\text{Base} \times \text{hauteur}}{2}$ $A_{(parallélogramme)} = \text{Base} \times \text{hauteur}$ |
| **22.** Calculer l'aire latérale et totale d'un prisme droit. | « Lisez la consigne de l'exercice. Qu'est-ce que l'aire latérale et l'aire totale d'un solide droit ? Calculez l'aire latérale de ce prisme droit, puis l'aire des deux bases pour pouvoir obtenir l'aire totale. » | Cet exercice est difficile car il sous-entend la connaissance des notions d'aire latérale et d'aire totale, mais également des propriétés du prisme droit. La base constituée d'un triangle rectangle facilite légèrement les calculs. |
| **23.** Construire un triangle et connaître ses propriétés. | « Avec vos instruments de géométrie, vous devez tracer le triangle ABC, puis la hauteur de ce triangle qui passe par le point C. » | Le tracé des côtés AC et BC s'effectue avec le compas. La hauteur d'un triangle qui passe par un des sommets est perpendiculaire au côté opposé. On la trace avec l'équerre. |
| **24.** Tracer un angle de mesure donnée. | « Avec vos instruments de géométrie, vous allez devoir tracer un angle de sommet A, dont la mesure sera égale à 40 degrés. » | Cet exercice évalue la connaissance des notions d'angle et de mesure d'un angle, mais également la maîtrise de l'utilisation du rapporteur pour tracer un angle. |
| **25.** Réaliser l'agrandissement d'une figure dans un rapport connu. | « Observez le quadrillage et la figure bleue. En vous servant du point rouge, vous allez devoir tracer une nouvelle figure qui sera un agrandissement de 200 % de la figure bleue. » | La difficulté de cet exercice réside dans la compréhension de la signification du rapport d'agrandissement donné en pourcentage. Un rapport de 200 % correspond à un agrandissement d'un facteur 2. |
| **26.** Tracer un parallélogramme. | « Observez la figure bleue. Vous devez compléter cette figure en utilisant vos instruments de géométrie, pour obtenir un parallélogramme. » | Cet exercice permet d'évaluer la connaissance des propriétés du parallélogramme (côtés opposés parallèles et de même longueur), ainsi que la maîtrise des outils de tracé (règle graduée et équerre, ou compas). |

# 1 Les nombres entiers naturels : les millions et les milliards

Fichier pp. 10-11

| | |
|---|---|
| **Programme** | **Nombres et calcul.** Les nombres entiers naturels (les millions et les milliards : lecture, écriture, décomposition, comparaison, rangement et encadrement). |
| **Objectifs de l'apprentissage** | Lire, écrire, représenter et ranger les grands nombres : les millions et les milliards. |
| **Remarques préalables** | Pour l'écriture comme pour la lecture des grands nombres, il est nécessaire de connaître l'ordre des classes : unités, milliers, millions et milliards dans l'ordre croissant de droite à gauche.<br>Chaque classe s'écrit avec trois chiffres, représentant de droite à gauche les unités, les dizaines et les centaines de cette classe. Lorsqu'on prononce le mot « million », le nombre s'écrit donc avec plus de six chiffres. Lorsqu'on prononce le mot « milliard », le nombre s'écrit avec plus de neuf chiffres. Les règles de la numération décimale s'appliquent de manière classique, notamment pour les comparaisons, les encadrements et les rangements des grands nombres.<br>**Difficultés de la leçon**<br>L'absence d'un rang dans une classe sera source d'erreurs à la fois dans la lecture et l'écriture des grands nombres, à cause des zéros intercalés que cela provoque, mais également lors des comparaisons et des rangements.<br>**Aide**<br>– Dans un premier temps, le tableau de numération constitue une aide dont les élèves devront rapidement s'affranchir.<br>– Fixer les règles de la numération de position dans la mémoire des élèves grâce à de nombreuses dictées de nombres et lectures de nombres écrits en lettres ou en chiffres. |

**Calcul Mental : Dictée de nombres inférieurs à 1 000 000.**

**Séances 1 à 3 (sur ardoise)**

**Séance 1 :** *Dictée de nombres < 10 000*

**Séance 2 :** *Dictée de nombres < 100 000*

**Séance 3 :** *Dictée de nombres < 1 000 000*

**Séance 4 (sur fichier)**
➜ *Dire : « 6 032 » ; l'élève écrit 6 032.*
***Items** : 6 032 ; 35 014 ; 48 200 ; 800 007 ; 905 400.*

**Séance 5 :** *Consolidation des séances précédentes.*

## Séance 1

### Activités collectives de construction du concept

**Organisation :** Classe entière.
**Matériel :** Matériel photocopiable ci-dessous, ruban adhésif, crayon gris, gomme, ardoise.

#### Activité 1 : Construire le tableau de numération pour mieux le comprendre

- Reproduire un tableau de numération constitué des classes des unités et des milliers au tableau.
- Distribuer le même tableau de numération.
- Demander d'écrire dans le tableau les nombres 52 ; 4 892 ; 865 620 et 2 416 581. Ce dernier nombre pose problème car il ne rentre pas dans le tableau.
- Demander à un élève de lire ce nombre. Le mot « million » devrait apparaître.
- Demander comment faire rentrer ce nombre dans le tableau, en rappelant que chaque colonne ne peut contenir qu'un seul chiffre.

Il faut donc créer une nouvelle classe, celle des millions.

- Faire observer la structure des classes des unités et des milliers pour faire émerger les noms des rangs qui se répètent (unités, dizaines, centaines), puis compléter le tableau collectif avec les nouvelles colonnes.

Distribuer la classe des millions et la faire coller au tableau existant avec le ruban adhésif.
Faire compléter les noms des rangs.

- Demander d'écrire dans le nouveau tableau les nombres 2 416 581 ; 620 152 443 (faire remarquer le zéro des unités de millions) et 3 542 120 987. Procéder avec la classe des milliards comme avec celle des millions pour terminer le tableau de numération.
- Demander d'entourer le chiffre des millions et de souligner le nombre de millions dans le nombre 620 152 443.
- Terminer en faisant écrire en lettres les nombres 2 416 581 et 3 542 120 987.

#### Activité 2 : Ranger des grands nombres

- Écrire au tableau : 25 483 ... 163 840 et en dessous 324 058 ... 313 984, puis demander à un élève de venir placer le signe < ou > entre ces nombres. Faire énoncer les règles de comparaison de deux nombres (nombre de chiffres, puis comparaison des chiffres de même rang). En profiter pour rappeler les notions d'ordre croissant et décroissant.
- Sur l'ardoise demander de ranger par ordre croissant les nombres 620 152 443 ; 865 620 ; 2 416 581 et 3 542 120 987 écrits au tableau.

#### Activité 3 : Exercices 1 à 5 du fichier

**1** Dans un premier temps, les élèves complètent les noms des rangs (unité, dizaine, centaine).
Ils écrivent ensuite les nombres dans le tableau.

**2** « Million » et « milliard » prennent la marque du pluriel, contrairement à « mille ».
12 436 950 : douze millions quatre cent trente-six mille neuf cent cinquante.
620 901 230 000 : six cent vingt milliards neuf cent un millions deux cent trente mille.

**3** La différence entre « nombre de » et « chiffre des » reste fondamentale. Le tableau de numération est une aide importante.

12 436 950 620 901 230 000

620 901 230 000

**4** Faire lire les nombres à voix haute pour faire apparaître les millions et les milliards.
300 000 000 000 > 1 235 629 800 > 450 289 999 > 8 700 650

**5** L'élève doit comprendre qu'il ne doit travailler que sur les nombres de millions dans cet exercice (85 et 86 ; 620 et 621).

## Séance 2

## Activités individuelles de mathématisation

### Exercices 6 et 7

**6** Cet exercice permet de distinguer les classes de numération.
Nombre de milliards : 0 ; 12 ; 400
Nombre de millions : 346 ; 12 052 ; 400 800
Nombre de milliers : 346 523 ; 12 052 897 ;
400 800 300

**7** Il est possible ici de ne comparer que les nombres de millions : 9 < 620 < 2 000 < 453 000.
9 000 000 < 620 000 000 < 2 000 000 000 < 453 000 000 000

## Séance 3

### Exercices 8, 9 et 10

**8** Cet exercice d'intercalation est particulier car l'élève a le choix du nombre qu'il peut inscrire.

**9** L'objectif est d'effectuer la décomposition canonique mixte d'un grand nombre. Le nombre de zéros peut-être source d'erreurs fréquentes.
650 483 = (6 × 100 000) + (5 × 10 000) + (4 × 100) + (8 × 10) + 3
9 601 008 000 = (9 × 1 000 000 000) + (6 × 100 000 000) + (1 × 1 000 000) + (8 × 1 000)
88 342 000 = (8 × 10 000 000) + (8 × 1 000 000) + (3 × 100 000) + (4 × 10 000) + (2 × 1 000)

**10** Présenté sous forme de problème, cet exercice met en pratique la comparaison de grands nombres deux à deux et leur rangement.
La planète la plus proche du soleil (ou la moins éloignée) est Venus. La plus éloignée est Mars.

## Séance 4

## Évaluation formative

### Exercices 11, 12, 13 et 14

**11** Décomposition canonique mixte.
2 450 000 000 = (2 × 1 000 000 000) + (4 × 100 000 000) + (5 × 10 000 000)
602 400 005 000 = (6 × 100 000 000 000) + (2 × 1 000 000 000) + (4 × 100 000 000) + (5 × 1 000)

**12** Comparaison de deux grands nombres dont le nombre de chiffres est identique.
63 481 612 < 71 183 444 ; 1 315 840 089 > 1 314 257 987 ;
253 410 747 < 253 410 812

**13** Ce rangement met en oeuvre le comptage du nombre de chiffres et la comparaison des chiffres de même rang.
1 253 687 000 > 1 253 622 981 > 852 631 025 > 802 587 159

**14** La transcription d'une écriture chiffrée en écriture littérale permet de structurer la lecture du grand nombre. On vérifie l'accord de « millions » et « milliards », et l'invariabilité de « mille ».
2 315 800 000 : deux milliards trois cent quinze millions huit cent mille.

## Séance 5

## Consolidation

**Remédiation : Exercice 15**
On revient ici sur la correspondance entre une écriture canonique additive ou une écriture littérale, et l'écriture chiffrée du nombre.
→ 264 941 735 ; 6 704 602 407 ; 212 075 380 ;
16 400 194 115

**Approfondissement : Exercice 16**
Cet exercice met l'accent sur le processus de passage à la classe suivante, en ajoutant 1 au dernier nombre de la classe précédente.

# Matériel photocopiable

| Classe des milliers | | | Classe des unités | | |
|---|---|---|---|---|---|
| centaine de mille | dizaine de mille | unité de mille | centaine | dizaine | unité |
| | | | | | |
| | | | | | |
| | | | | | |
| | | | | | |
| | | | | | |

| Classe des millions | | |
|---|---|---|
| ………… de million | ………… de million | ………… de million |
| | | |
| | | |
| | | |
| | | |
| | | |

| Classe des milliards | | |
|---|---|---|
| ………… de milliard | ………… de milliard | ………… de milliard |
| | | |
| | | |
| | | |
| | | |
| | | |

# 2 Les parallèles et les perpendiculaires

Fichier pp. 12-13

| | |
|---|---|
| **Programme** | **Géométrie.** Les parallèles et les perpendiculaires : construction et applications. |
| **Objectifs de l'apprentissage** | Reconnaître et tracer des droites perpendiculaires et parallèles. |
| **Remarques préalables** | Les mots « parallèles » et « perpendiculaires » sont parfois confondus par les élèves. Associer ces mots à des analogies comme « parallèles comme les rails d'une ligne de chemin de fer » peut aider à éviter ces confusions et favorise les images mentales.<br>**Difficultés de la leçon**<br>– Le tracé d'une droite perpendiculaire à une autre sur papier uni nécessite d'utiliser l'équerre pour amorcer le tracé puis la règle pour le prolonger. Cette double manipulation rend parfois la précision difficile.<br>– La construction d'une droite parallèle à une autre droite nécessite le tracé d'une perpendiculaire commune aux deux parallèles. Ce tracé complique cette construction.<br>**Aide**<br>– Faire dessiner des perpendiculaires et des parallèles à main levée sur une feuille blanche pour travailler les images mentales de ces figures.<br>– Utiliser le pliage pour faire apparaître des plis perpendiculaires et des plis parallèles, ou pour vérifier le parallélisme de deux droites par transparence en rabattant une droite sur elle-même (le pli est alors perpendiculaire à la droite rabattue). |

**Calcul mental : Dictée de nombres inférieurs à 1 milliard.**

**Séances 1 à 3 (sur ardoise)**
**Séance 1 :** *Dictée de nombre inférieurs à 10 000 000.*
**Séance 2 :** *Dictée de nombre inférieurs à 100 000 000.*
**Séance 3 :** *Dictée de nombre inférieurs à 1 000 000 000.*

**Séance 4 (sur fichier)**
➜ *Dire : « deux millions cinq cent mille » ; l'élève écrit 2 500 000.*
***Items** : 2 500 000 ; 43 400 500 ; 50 238 000 ; 865 270 000 ; 950 200 038.*

**Séance 5 :** *Consolidation des séances précédentes.*

## Séance 1

### Activités collectives de construction du concept

**Organisation :** Groupes de 2 élèves.
**Matériel :** Deux feuilles blanches par groupe, Matériel photocopiable en fin de leçon, crayon gris, règle, crayons rouge et bleu.

**Activité 1 : Construire des perpendiculaires par pliage**
▪ Faire plier une des deux feuilles de façon que le pli ne soit parallèle à aucun des bords de la feuille. Repasser l'intérieur du pli au crayon.
▪ Faire plier la feuille en rabattant sur lui-même le pli marqué au crayon. Déplier la feuille : le dernier pli représente une droite perpendiculaire à la droite marquée au crayon. Repasser l'intérieur du nouveau pli au crayon.
▪ Vérifier avec une équerre que ces deux droites se coupent en formant quatre angles droits. Marquer les quatre angles d'un petit carré rouge.

**Activité 2 : Construire des parallèles par pliage**
▪ Faire plier la deuxième feuille de façon que le pli ne soit parallèle à aucun des bords de la feuille. Repasser l'intérieur du pli au crayon rouge.
▪ Faire plier la feuille en rabattant une partie de la droite rouge sur elle-même. Marquer l'intérieur de ce pli au crayon bleu.
▪ Faire plier la feuille en rabattant la droite bleue précédente sur elle-même. Marquer l'intérieur de ce pli au crayon rouge.
▪ Ouvrir la feuille, observer les deux droites rouges. Déclarer qu'elles sont parallèles.
▪ Vérifier à l'aide d'une équerre que la droite bleue est perpendiculaire aux deux droites rouges.

**Activité 3 : Vérifier le parallélisme par pliage**
▪ Distribuer la troisième feuille sur laquelle sont tracées deux droites « presque parallèles » (matériel photocopiable). Demander aux élèves si ces droites leur semblent parallèles.
▪ Faire plier la feuille en rabattant l'une de ces deux droites sur elle-même.
▪ Observer par transparence si la deuxième droite se rabat aussi sur elle-même. Si oui les deux droites sont parallèles (le pli est alors une perpendiculaire commune), sinon les deux droites sont sécantes. Les prolonger au tableau pour montrer qu'elles se coupent en dehors de la feuille.

**Activité 4 : Exercices 1 et 2 du fichier**

**1** Faire tracer la droite ($D_3$) perpendiculaire à ($D_1$) : pour cela placer le bord de la règle sur ($D_1$) et faire glisser l'équerre sur la règle jusqu'à ce que le point A soit sur un des bords de l'angle droit de l'équerre. Tracer alors ($D_3$). Marquer l'angle droit.
Que peut-on dire de ($D_3$) et de ($D_2$) ? Elles sont parallèles car ($D_1$) est une perpendiculaire commune à ces deux droites.

Faire lire la bulle de Mathix et la commenter en s'appuyant sur la figure.

**2** Faire découvrir aux élèves que pour que ($D_4$) soit parallèle à ($D_1$) il suffit qu'elle soit perpendiculaire à ($D_2$). Reprendre la technique précédente pour tracer la perpendiculaire à ($D_2$) passant par A.

## Séance 2

## Activités individuelles de mathématisation

### Exercices 3 et 4

**3** Les élèves placent leur règle sur (D) et font glisser l'un des côtés de l'angle droit de leur équerre jusqu'à P pour tracer en bleu ($D_1$) et jusqu'à M pour tracer en rouge ($D_2$).
Pour tracer une parallèle verte à (D) passant par M, il suffit de tracer une perpendiculaire à l'une des droites bleue ou rouge, qui passe par M.

**4** Faire lire la bulle de Mathix. Les élèves tracent la droite (AB), puis tracent en rouge la perpendiculaire à (AB) passant par C en réinvestissant la technique vue dans l'exercice 1.
Pour tracer en bleu la parallèle à (AB) passant par C, ils réinvestissent une nouvelle fois la technique précédente en traçant la perpendiculaire à la droite rouge passant par C.

## Séance 3

### Exercices 5 et 6

**5** Faire observer le rectangle faire marquer ses quatre angles droits.
Les élèves justifient que les côtés opposés sont parallèles par le fait que les deux autres côtés sont perpendiculaires à ces côtés opposés (*cf.* bulle de Mathix exercice 1).

**6** Faire lire attentivement la définition d'une hauteur de triangle, puis laisser les élèves effectuer leurs tracés des hauteurs passant par A puis passant par B. Ces deux hauteurs se coupent en H. Tracer (CH) et vérifier que (CH) est perpendiculaire à (AB) ; elle est donc la troisième hauteur du triangle ABC.

## Séance 4

## Évaluation formative

### Exercices 7 et 8

**7** Les élèves utilisent leur règle et leur équerre pour réinvestir la technique du tracé d'une perpendiculaire à une droite donnée passant par un point donné.

**8** Les élèves doivent décider par eux-mêmes de commencer par tracer une perpendiculaire à (D) pour la prendre pour appui afin de tracer les deux parallèles à (D) passant par M et par P.

## Séance 5

## Consolidation

**Remédiation : Exercice 9**
Les élèves complètent les relations avec les noms des droites : (PQ) // (RS) ; (PQ) $\perp$ (QR) ; (RS) $\perp$ (QR). Ils vérifient les orthogonalités avec l'équerre.

**Approfondissement : Exercice 10**
Pour faire apparaître le point F les élèves doivent tracer la parallèle à (BC) passant par E et la parallèle à (CD) passant par A, ces deux droites se coupent en F.

## Matériel photocopiable

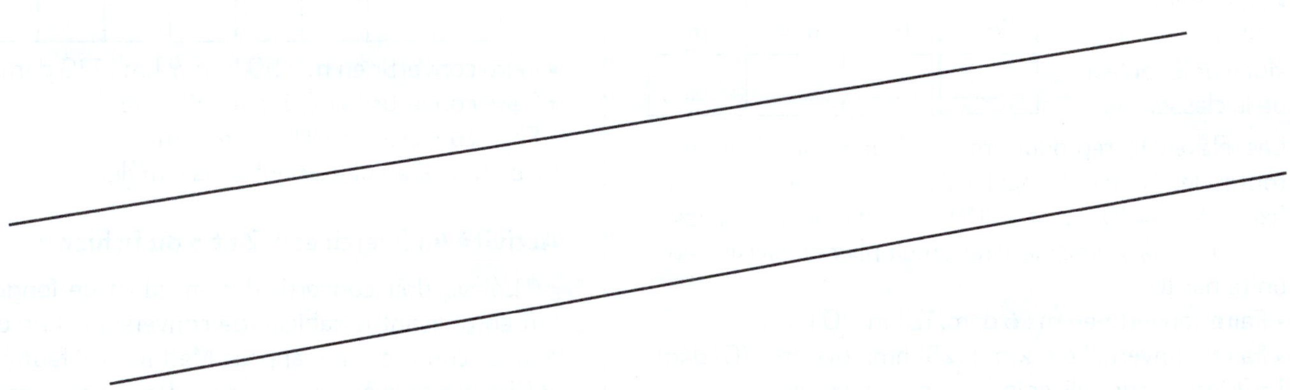

# 3 Mesures des longueurs, des masses et des aires

Fichier pp. 14-15

| | |
|---|---|
| **Programme** | **Mesure.** Mesure des longueurs, des masses et des aires. |
| **Objectifs de l'apprentissage** | – Comparer, ranger et encadrer les mesures de longueurs, de masses, et d'aires.<br>– Convertir les unités de base. |
| **Remarques préalables** | **Difficulté de la leçon**<br>Elle réside dans les conversions des mesures d'aires, dont les unités sont 100 fois plus petites ou plus grandes que leurs voisines.<br>**Aide**<br>La construction et l'utilisation du tableau de conversion facilitent la mémorisation des noms des unités et leur ordre, ainsi que l'opération de conversion grâce aux deux colonnes attribuées à chaque unité. |

**Calcul mental : Numération : Les nombres de...**

**Séances 1 à 3 (sur ardoise)**

**Séance 1 :** *Trouver le nombre de dizaines d'un nombre de 3 chiffres.*
*Dire : « Quel est le nombre de dizaines dans 456 ? » ; l'élève écrit 45.*
**Séance 2 :** *Trouver le nombre de centaines d'un nombre de 4 ou 5 chiffres.*
*Dire : « Quel est le nombre de centaines dans 59 756 ? » ; l'élève écrit 597.*
**Séance 3 :** *Trouver le nombre de milliers d'un nombre de 4 ou 5 chiffres.*
*Dire : « Quel est le nombre de milliers dans 68 934 ? » ; l'élève écrit 68.*

**Séance 4 (sur fichier)**
➜ *Écrire : Nombre de centaines dans 7 530 ; l'élève écrit 75.*
***Items :*** *Nombre de centaines dans 7 530 ; Nombre de dizaines dans 283 ; Nombre de milliers dans 315 417 ; Nombre de centaines dans 7 000 ; Nombre de milliers dans 912 512.*

**Séance 5 :** *Consolidation des séances précédentes.*

## Séance 1

### Activités collectives de construction du concept

**Organisation :** Classe entière.
**Matériel :** Cahier d'exercices.

#### Activité 1 : Mesure des longueurs

▪ Dessiner un tableau de conversion sur le tableau de la classe.

| km | hm | dam | m |
|---|---|---|---|
| ............ | ............ | ............ | ............ |

Les élèves le reproduisent sur leur cahier. Présenter toutes les unités. Rappeler l'origine grecque des préfixes : déca = 10, hecto = 100, kilo = 1 000. Pour passer d'une unité à sa voisine, il faut multiplier ou diviser cette unité par 10.

▪ Faire convertir en m : 6 dam, 12 hm, 20 km...
▪ Faire convertir en km : 25 hm, 60 m, 90 dam, 1 500 m... pour utiliser les nombres à virgule.
▪ Être attentif à la position de la virgule.

#### Activité 2 : Mesure des masses

▪ Au tableau, remplacer les unités de mesure de longueur par les unités de mesure de masse :

| g | dg | cg | mg |
|---|---|---|---|
| ............ | ............ | ............ | ............ |

▪ Rappeler l'origine latine des préfixes : déci = 1/10, centi = 1/100, milli = 1/1 000.
▪ Faire convertir en mg : 5 g, 8 dg, 3 cg...
▪ Faire convertir en g : 1 500 mg, 50 cg, 49 dg...
▪ Être attentif au placement de la virgule.
▪ Rappeler qu'on pourrait prolonger le tableau des mesures de longueurs avec les sous-multiples du mètre (dm, cm, mm), et le tableau des mesures de masses avec les multiples du gramme (dag, hg, kg).

#### Activité 3 : Mesure des aires

▪ Dessiner un tableau de conversion au tableau de la classe, que les élèves reproduisent sur leur cahier.
▪ Rappeler que pour passer d'une unité d'aire à sa voisine, il faut la multiplier ou la diviser par 100. C'est pour cela que le tableau de conversion comporte deux colonnes par unité.
▪ Rappeler qu'il existe des unités agraires : are (a), hectare (ha) et centiare (ca), qui correspondent respectivement au dam², à l'hm² et au m².

| km² | | hm² | | dam² | | m² | |
|---|---|---|---|---|---|---|---|
| | | ha | | a | | ca | |
| | | | | | | | |

▪ Faire convertir en m² : 50 km², 9 hm², 120 dam²...
▪ Faire convertir 15 600 m² en dam²/a
▪ Faire convertir 25 000 m² en hm²/ha
Être attentif au placement de la virgule.

#### Activité 4 : Exercices 1, 2 et 3 du fichier

**1** L'élève doit convertir des mesures de longueur en km en utilisant le tableau de conversion. Il ne doit pas oublier, comme le lui rappelle Mathix, qu'il faut écrire un chiffre par case et écrire un zéro dans chaque case vide. Rachid a parcouru : 10 hm 6 m = 1 km 6 m = 1,006 km ;

Amina a parcouru : 1 km 50 m = 1,050 km ; Karim a parcouru : 96 dam = 0,96 km
1,050 km > 1,006 km > 0,96 km
*Amina a parcouru la plus longue distance.*
*Amina et Rachid ont parcouru plus de 1 km.*

**2** La masse de médicament contenue dans la boîte est égale à 24 × 400 mg = 9 600 mg = 9,600 g.
*La boîte contient moins de 10 g de médicament.*

**3** Pour comparer 1 500 $m^2$ et 20 $dam^2$, il faut convertir ces mesures d'aire dans la même unité. Si on choisit le mètre-carré, 20 $dam^2$ = 2 000 $m^2$.
*Salam a labouré la plus grande surface.*

## Séance 2

### Activités individuelles de mathématisation

**Exercices 4, 5 et 6**

**4** Avec cet exercice, l'élève utilise les unités agraires (are, hectare, centiare) et leurs relations qui sont indiquées dans le cartouche rose.
12 ha = 12 × 100 a = 1 200 a ;
45,8 a = 45,8 × 100 ca = 4 580 ca ;
781 a = (781 ÷ 100) ha = 7,81 ha ;
250 $m^2$ = (250 ÷ 100) a = 2,50 a ;
13 800 $m^2$ = (13 800 ÷ 10 000) ha = 1,38 ha ;
6,8 ha = 6,8 × 10 000 $m^2$ = 68 000 $m^2$ ;
4,5 a = 4,5 × 100 $m^2$ = 450 $m^2$

**5** Il faut convertir les mesures puis entourer sur chaque ligne la plus grande mesure.
- 1,53 km = 1,53 × 1 000 m = 1 530 m ; 18,58 hm = 18,58 × 100 m = 1 858 m ; 75,5 dam = 75,5 × 10 m = 755 m. Il faut entourer 18,58 hm.
- 1 200 mg = (1 200 ÷ 1 000) g = 1,2 g ; 49 cg = (49 ÷ 100) g = 0,49 g ; 26 dg = (26 ÷ 10) g = 2,6 g. Il faut entourer 26 dg.
- 1 $km^2$ = 1 000 000 $m^2$ ; 15 $hm^2$ = 150 000 $m^2$ ; 3 500 $dam^2$ = 350 000 $m^2$. Il faut entourer 1 $km^2$.

**6** Il faut convertir chaque mesure dans la même unité que les bornes de l'encadrement pour vérifier si l'affirmation est exacte.
☑ 1 650 mg est compris entre 1 g et 2 g.
☑ 25,6 hm est compris entre 2 km et 3 km.

## Séance 3

**Exercices 7 et 8**

**7** Ce problème comporte deux étapes. Dans la première, en calculant l'aire d'un carreau, les élèves mettent en pratique le calcul de l'aire du carré.
Aire d'un carreau = 2 dm × 2 dm = 4 $dm^2$.
Dans la deuxième, ils calculent l'aire totale en $dm^2$ :
135 × 4 $dm^2$ = 540 $dm^2$, et la convertissent en $m^2$.
*L'aire de ce carrelage est égale à 5,40 $m^2$.*

**8** Ce problème de comparaison d'aires demande le calcul de l'aire d'un rectangle dans une première étape et une conversion dans la deuxième étape.
Le champ de Brahim mesure :
650 m × 480 m = 312 000 $m^2$
Celui de son voisin mesure 29 ha, c'est-à-dire :
29 × 10 000 $m^2$= 290 000 $m^2$.
*Le champ le plus grand est celui de Brahim.*

## Séance 4

### Évaluation formative

**Exercices 9, 10 et 11**

**9** Cet exercice évalue les conversions des mesures de masse et celles des mesures d'aire.
8,5 kg = 8,5 × 1 000 g = 8 500 g
13 300 g = (13 300 ÷ 1 000) kg = 13,3 kg
14,8 $dam^2$= (14,8 × 100) $m^2$ = 1 480 $m^2$
5 350 $m^2$ = (5 350 ÷ 100) $dam^2$ = 53,5 $dam^2$

**10** Pour ranger les mesures, il est nécessaire de les exprimer dans une même unité. Nous avons choisi le mètre comme unité commune.
850 m < 19,2 hm (1 920 m) < 221,8 dam (2 218 m) < 2,45 km (2 450 m)

**11** La première question demande de convertir les masses en une même unité : g ou kg.
Masse du chat de Farida : 3,25 kg = 3 250 g
Masse du chat de Marouan : 3 200 g
3 250 > 3 200
*Le chat de Farida est le plus lourd.*
Pour répondre à la deuxième question, il faut ajouter 85 g à la masse du chat de Marouan qui pèse alors :
3 200 g + 85 g = 3 285 g
*Maintenant c'est le chat de Marouan qui est le plus lourd.*

## Séance 5

### Consolidation

**Remédiation : Exercice 12**
Cet exercice porte sur des connaissances difficiles à maîtriser : les unités d'aires. Il revient sur les conversions en $m^2$ des multiples du $m^2$, pour faciliter la compréhension des relations entre les unités.
1 $dam^2$ = 10 m × 10 m = 100 $m^2$ ;
1 $hm^2$ = 100 m × 100 m = 10 000 $m^2$ ;
1 $km^2$ = 1 000 m × 1 000 m = 1 000 000 $m^2$.

**Approfondissement : Exercice 13**
Les élèves vont devoir soustraire 8 500 g (10 × 850 g) à 25 kg. Ils ont le choix des conversions pour effectuer l'opération : 25 kg – 8,5 kg = 16,5 kg
ou 25 000 g – 8 500 g = 16 500 g = 16,5 kg

# 4 Les nombres entiers naturels : addition, soustraction, multiplication

Fichier pp. 16-17

| | |
|---|---|
| **Programme** | **Nombres et calcul.** Les nombres entiers naturels (addition, soustraction et multiplication). |
| **Objectifs de l'apprentissage** | – Calculer la somme, la différence et le produit des nombres entiers sur la base de la technique usuelle.<br>– Trouver les erreurs présentes dans les opérations.<br>– Résoudre une situation-problème. |
| **Remarques préalables** | Les techniques opératoires ont été étudiées dans les classes précédentes. Il est cependant important de les rappeler.<br>– S'assurer que les élèves sont capables de comprendre pourquoi dans la pose des additions et des soustractions les chiffres doivent être alignés par la droite quand les nombres ne comportent pas tous le même nombre de chiffres. L'application de cette technique est indispensable pour les calculs portant sur des nombres de six chiffres ou plus.<br>– S'assurer qu'ils ont aussi compris que le mécanisme de la retenue repose sur la récursivité des groupements de dix.<br>**Difficultés de la leçon**<br>– Méconnaissance des tables d'addition et de multiplication.<br>– Comprendre le mécanisme des retenues pour chaque type d'opération.<br>**Aide**<br>– La maîtrise des tables se traite avec la pratique du calcul mental.<br>– La gestion des retenues constitue l'essentiel des activités de l'apprentissage. |

**Calcul mental : Calcul mental de sommes et de différences entre nombres inférieurs à 100.**

**Séances 1 à 3 (sur ardoise)**
**Séance 1 :** *Somme d'un nombre de deux chiffres et d'un nombre inférieur à 10.*
*Écrire 36 + 5 ; l'élève écrit 41.*
**Séance 2 :** *Somme de deux nombres de deux chiffres (sans retenue).*
*Écrire 54 + 15 ; l'élève écrit 69.*
**Séance 3 :** *Retrancher un nombre inférieur à 10 à un nombre de deux chiffres.*
*Écrire 85 – 8 ; l'élève écrit 77.*

**Séance 4 (sur fichier)**
→ *Écrire 53 + 8 ; l'élève écrit 61.*
***Items*** *: 53 + 8 ; 23 + 45 ; 54 + 13 ; 39 – 7 ; 52 – 6.*

**Séance 5 :** *Consolidation des séances précédentes.*

## Séance 1

### Activités collectives de construction du concept

**Organisation :** Classe entière
**Matériel :** Trois demi-feuilles de papier par élève.

#### Activité 1 : Poser et effectuer une addition de trois « grands nombres »

- Écrire 2 643 875 + 25 954 + 318 536
- Les élèves posent l'opération. Ils se rendent compte que le quadrillage est une aide pour poser correctement l'opération.
- En effectuant l'addition, ils se rendent compte que parfois il n'y a pas de retenue, que celle-ci n'est pas toujours 1.

2 643 875 + 25 954 + 318 536 = 2 988 365

#### Activité 2 : Trouver les erreurs dans une addition

- Écrire 3 546 789 + 564 785 + 38 768
- Distribuer une demi-feuille à chaque élève. Ils posent et effectuent l'addition. Ramasser les feuilles. Écrire le résultat au tableau : 4 150 342.
- Sortir les résultats exacts et distribuer les feuilles dont les résultats sont erronés à des groupes de deux élèves qui analysent les erreurs.
- Reproduire au tableau avec exactitude les demi-feuilles comportant les erreurs les plus flagrantes.
- Faire remarquer les erreurs de pose, les erreurs de calcul et de retenue (l'opération comporte quatre retenues égales à 2).

#### Activité 3 : Poser et effectuer une soustraction

- Faire poser la soustraction 150 441 – 65 589.

La pose est analogue à celle de l'addition.
- Vérifier le bon fonctionnement de la retenue de la soustraction.
- Faire remarquer aux élèves que l'on peut trouver les colonnes dans lesquelles il y aura une retenue : quand le chiffre du bas est supérieur à celui du haut.
- Les élèves effectuent la soustraction.

150 441 – 65 589 = 84 852

#### Activité 4 : La multiplication

- La multiplication 4 816 × 26 est posée au tableau.

Un premier élève vient effectuer 4 816 multiplié par 6, un deuxième 4 816 multiplié par 20. Multiplier par 20 c'est multiplier par 2 puis par 10 d'où la présence du 0. Les retenues sont écrites à droite de l'opération et barrées lorsqu'elles ont été utilisées.
Un troisième élève termine le calcul en effectuant l'addition.

```
                4 8 1 6
           ×        2 6
6 × 4 816 →   2 8 8 9 6   (3)(4)
20 × 4 816 → + 9 6 3 2 0   (1)(1)
             1 2 5 2 1 6
```

▪ La multiplication « 451 × 206 » est écrite au tableau. L'opération est posée trois fois au tableau pour mettre en évidence la technique la plus efficace.

```
      4 5 1             4 5 1              2 0 6
    × 2 0 6           × 2 0 6            × 4 5 1
    2 7 0 6 (3)       2 7 0 6 (3)          2 0 6
    0 0 0 0         + 9 0 2 0 0 (1)    1 0 3 0 0 (3)
+ 9 0 2 0 0 (1)       9 2 9 0 6      + 8 2 4 0 0 (2)
  9 2 9 0 6                            9 2 9 0 6
```

**Activité 5 : Exercices 1 et 2 du fichier**

**1** Faire lire le tableau et la consigne.
Demander quelle opération permet de résoudre ce problème.
Faire poser cette opération sur le fichier. Insister sur la façon de procéder. Le quadrillage permet l'alignement vertical des chiffres dans chaque colonne comme dans le tableau de numération : mettre un chiffre par carreau et commencer par la droite.
1 320 039 000 + 743 103 000 = 2 063 142 000.
Procéder comme pour la première partie.
Rappeler qu'il faut placer le plus grand nombre en haut et pour les élèves en difficulté rappeler aussi le mécanisme de la retenue.
1 320 039 000 – 1 024 802 000 = 295 237 000

**2** Faire lire l'énoncé. Faire trouver l'opération permettant de résoudre le problème.
2 386 × 308 = 734 888
*Dans l'année, l'avion parcourt 734 888 km.*

## Séance 2

### Activités de mathématisation

**Exercice 3**

**3** Les élèves doivent poser et effectuer les trois types d'opérations. Il faudra vérifier la pose correcte de l'addition et de la soustraction.
3 274 518 + 5 674 + 124 450 = 3 404 642
7 535 670 – 520 792 = 7 014 878
Pour la multiplication, les retenues sont placées dans les cercles puis barrées comme dans les activités et la leçon.
15 306 × 472 = 7 224 432

## Séance 3

**Exercices 4 et 5**

**4** Dans l'addition, la colonne des unités et celle des dizaines permettent de calculer la valeur du citron et de l'orange. Les autres colonnes permettent de vérifier ces valeurs :

 **= 8**  **= 5**

Dans la multiplication ce sont la colonne des unités, celle des dizaines et celle des centaines qui permettent de calculer la valeur du citron et celle de l'orange. Les autres colonnes permettent de vérifier ces valeurs :

 **= 2**  **= 3**

**5** Il faut calculer la différence entre 1 380 600 et 751 000.
1 380 600 – 751 000 = 629 600
*En 16 ans, la population de Marrakech a augmenté de 629 600 habitants.*

## Séance 4

### Évaluation formative

**Exercices 6 et 7**

**6** La difficulté de cette multiplication réside dans la présence du zéro dans le nombre 3 108. Ce type de difficulté a été étudié dans les activités de construction du concept et de mathématisation.
3 108 × 238 = 739 704

**7** La différence de population entre la Chine et l'Inde s'obtient en retranchant la population la moins nombreuse à la population la plus nombreuse.
1 400 050 000 – 1 373 056 000 = 26 994 000
*La différence de population entre ces deux pays est de 26 994 000 habitants.*

## Séance 5

### Consolidation

**Remédiation : Exercice 8**
Cet exercice vise la remédiation d'une erreur fréquente : « quand je ne peux pas effectuer la soustraction des nombres dans une colonne, j'inverse la soustraction dans la colonne. » Le résultat ne correspond évidemment pas à la soustraction à effectuer. La correction portera donc sur la compréhension de la propriété fondamentale de la différence et de sa traduction par le mécanisme de la retenue.
9 194 902 – 856 143 = 8 338 759

**Approfondissement : Exercice 9**
Cet exercice traite de la difficulté de la multiplication quand un des nombres comporte un zéro « intercalé ». C'est l'oubli du décalage supplémentaire de la deuxième ligne du produit qui provoque le résultat erroné.
452 × 208 = 94 016

# B1 Bilan de l'unité 1

Fichier pp. 18-19

## Évaluation sommative

| Énoncés | Réponses et commentaires |
|---|---|
| **1** **Écris** ces nombres en chiffres. | six cent dix millions deux cent quatre-vingt-seize mille trois cents : **610 296 300**<br>quarante-deux milliards cinq cent soixante-trois millions cent mille : **42 563 100 000**<br>**Remédiation :** Faire remarquer que l'on écrit des séries de nombres de trois chiffres, séparés par un espace lorsqu'on entend le nom d'une classe (milliard, million, mille). |
| **2** **Décompose** ces nombres. | 2 680 300 = (**2** × 1 000 000) + (**6** × 100 000) + (**8** × 10 000) + (**3** × 100)<br>8 302 000 000 = **(8 × 1 000 000 000) + (3 × 100 000 000) + (2 × 1 000 000)**<br>**Remédiation :** Utiliser un tableau de numération pour faire remarquer que le premier nombre à l'intérieur de la parenthèse correspond au chiffre du rang correspondant : 8 est le chiffre des unités de milliards, 3 est le chiffre des centaines de millions…). |
| **3** **Range** ces nombres dans l'ordre croissant. | Les mêmes chiffres composent ces nombres : la difficulté est accrue.<br>**156 800 < 15 680 000 < 51 680 000 < 1 568 000 000 < 15 680 000 000**<br>**Remédiation :** Systématiser l'utilisation des règles de comparaison (nombre de chiffres, puis comparaison des rangs équivalents). Faire barrer de la liste les nombres utilisés. |
| **4** **Pose** et **effectue**. | 52 810 624 + 4 230 881 000 = **4 283 691 624**<br>1 324 890 422 – 852 325 317 = **472 565 105**<br>**Remédiation :** Rappeler que quel que soit le nombre de chiffres, les techniques opératoires restent toujours les mêmes. |
| **5** **Pose** et **effectue**. | 5 084 × 317 = 1 511 628<br>**Remédiation :** Faire effectuer les calculs intermédiaires afin de faire apparaître les zéros de chaque ligne : 5 084 × 7 = 35 588 ; 5 084 × 10 = 50 840 ;<br>5 084 × 300 = 1 525 200 |
| **6** **Trace** les droites ($D_1$) et ($D_2$). | 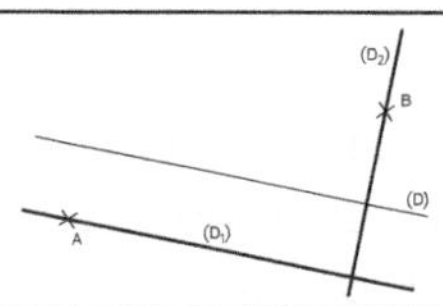<br>**Remédiation :** Faire tracer d'abord la perpendiculaire ($D_2$) en n'hésitant pas à la faire déborder du cadre vers le bas, pour s'appuyer dessus lors du tracé de la parallèle ($D_1$). |
| **7** **Convertis** ces mesures. | 3,25 g = **3 250** mg ; 9 850 g = **9,850** kg 42,195 km = **42 195** m ; 45,8 dm = **4 580** mm<br>1,4 km² = **14 000** dam² ; 910,2 dm² = **9,102** m²<br>**Remédiation :** Revenir aux tableaux de conversion pour matérialiser les zéros et les déplacements de virgules. |
| **8** **Quelle est l'aire de son exploitation, en ha ?** | 1 ha = 10 000 m² donc **125 000 m² = 12,5 ha → 12,5 + 4,8 = 17,3**<br>**L'aire de son exploitation est égale à 17,3 ha.**<br>**Remédiation :** Rappeler que pour effectuer des opérations sur des mesures, les unités doivent être identiques. |

## Consolidation

| Énoncés | Réponses et commentaires |
|---|---|
| **1** **Effectue** la multiplication 482 × 267 | 4 8 2<br>× 2 6 7<br>482 × 7 → 3 3 7 4 ①⑤<br>482 × 60 → + 2 8 9 2 0 ①④<br>482 × 200 → + 9 6 4 0 0 ①<br>1 2 8 6 9 4 |
| **2** **Identifie** les droites parallèles et les droites perpendiculaires. | 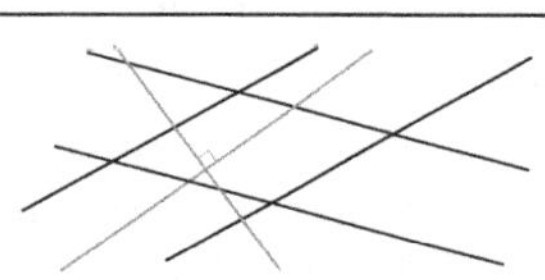 |
| **3** **Observe** le dessin de droite. | **Il y a 100 dm² dans 1 m². Il y a 100 cm² dans 1 dm².**<br>**1 m² = 100 × 100 = 10 000 cm²** |

# 5 Multiples et diviseurs Parité et nombre premiers

Fichier pp. 20-21

| | |
|---|---|
| **Programme** | **Nombres et calcul.** Les multiples et les diviseurs (possibilité de diviser par les nombres 2, 3, 4, 5, 6 et 9), les nombres pairs et les nombres impairs, les nombres premiers. |
| **Objectifs de l'apprentissage** | - Reconnaître les multiples et les diviseurs d'un entier naturel.<br>- Reconnaître la parité et les nombres premiers plus petits que 100. |
| **Remarques préalables** | Les notions de multiples et de diviseurs, réciproques l'une de l'autre (si a est un multiple de b non nul, alors b est un diviseur de a), sont les notions de base de l'arithmétique qui se fonde sur les relations multiplicatives entre les nombres entiers.<br>L'ensemble des multiples d'un nombre est un ensemble infini car pour obtenir un multiple d'un entier n il suffit de multiplier n par n'importe quel nombre entier, tandis que l'ensemble des diviseurs d'un nombre entier est un ensemble fini contenant au moins deux éléments : 1 et le nombre lui-même. La seule exception est le nombre 1 qui n'a qu'un seul diviseur : lui-même. Les nombres premiers étant les nombres qui ne possèdent que deux diviseurs, 1 n'est pas un nombre premier.<br>**Difficultés de la leçon**<br>- Trouver l'ensemble des diviseurs d'un nombre.<br>- Savoir dire si un nombre est un nombre premier.<br>**Aide**<br>- La connaissance des critères de divisibilité est un outil indispensable, aussi bien pour travailler sur la notion de diviseur que sur la notion de nombre premier.<br>- Chercher toutes les décompositions multiplicatives d'un nombre en commençant par les facteurs les plus petits, fait apparaître deux nombres qui se rapprochent de plus en plus. Quand il n'existe plus de diviseurs entre les deux facteurs du produit, la liste est close et les facteurs des produits constituent la liste des diviseurs du nombre de départ. |

**Calcul mental : Calcul mental de sommes et de différences entre nombres inférieurs à 100.**

**Séances 1 à 3 (sur ardoise)**

**Séance 1 :** *Somme de deux nombres de deux chiffres sans retenue.*
*Écrire 24 + 32 = ; l'élève écrit 56.*

**Séance 2 :** *Somme de deux nombres de deux chiffres avec retenue.*
*Écrire 48 + 36 = ; l'élève écrit 84.*

**Séance 3 :** *Différence entre deux nombres de deux chiffres.*
*Écrire 56 – 25 = ; l'élève écrit 31.*

**Séance 4 (sur fichier)**

→ *Écrire 28 + 13 = ; l'élève écrit 41.*
***Items :** 28 + 13 ; 23 + 37 ; 54 + 28 ; 58 – 24 ; 72 – 68.*

**Séance 5 :** *Consolidation des séances précédentes.*

## Séance 1

### Activités collectives de construction du concept

#### Activité 1 : Chercher des diviseurs en manipulant

**Organisation :** Groupes de 2 élèves
**Matériel :** Une collection de jetons différente d'un groupe à l'autre (12 ; 13 ; 15 ; 16 ; 17 ; 19).

▪ Donner la consigne de travail : « Vous allez devoir ranger la collection de jetons reçue du plus grand nombre de façons possibles en dispositions rectangulaires. Vous noterez sous forme de produit chaque rangement rectangulaire obtenu. »

▪ La mise en commun des différents rangements rectangulaires et de leur traduction par une décomposition multiplicative, permet de faire remarquer que :
- tous les nombres de jetons peuvent se ranger en une seule file (rectangle de 1 de large). Les nombres 13 ; 17 et 19 sont des nombres premiers car ils ne se rangent que de cette façon : 13 = 1 × 13 ; 17 = 1 × 17 ; 19 = 1 × 19
→ les nombres 12 ; 14 ; 16 sont des nombres pairs car ils peuvent se ranger sur deux lignes.
→ 12 = 1 × 12 = 2 × 6 = 3 × 4, donc les nombres 1 ; 2 ; 3 ; 4 ; 6 ; 12 sont les diviseurs de 12.
→ 14 = 1 × 14 = 2 × 7, donc les nombres 1 ; 2 ; 7 et 14 sont les diviseurs de 14.
→ 15 = 1 × 15 = 3 × 5, donc les nombres 1 ; 3 ; 5 et 15 sont les diviseurs de 15.
→ 16 = 1 × 16 = 2 × 8 = 4 × 4, donc les nombres 1 ; 2 ; 4 ; 8 ; 16 sont les diviseurs de 16.

#### Activité 2 : Exercices 1, 2, 3 et 4 du fichier

**1** Les élèves se familiarisent avec la notion de multiple à travers les multiples de 5, faciles à calculer. Ils doivent trouver deux multiples de 5 compris entre 30 et 50, puis justifier que 65 est un multiple de 5, bien que situé au-delà de la « table de 5 », car 65 = 13 × 5. Lire la bulle de Mathix et citer d'autres exemples que les multiples de 5.

**2** Les élèves doivent compléter les décompositions multiplicatives du nombre 30, qui se terminent par 5 × 6 (les deux facteurs se rejoignent), puis en déduire la liste des diviseurs de 30. Préciser que les expressions « a est diviseur de b » et « b est divisible par a » sont synonymes.

Si l'activité 1 a été proposée en début de séance cet exercice ne devrait poser aucun problème. Les élèves complètent les diviseurs de 18 et de 40 à partir de leurs décompositions multiplicatives.
Diviseurs de 18 : 1 ; 2 ; 3 ; 6 ; 9 ; 18
Diviseurs de 40 : 1 ; 2 ; 4 ; 5 ; 8 ; 10 ; 20 ; 40

**3** Faire rappeler aux élèves les critères de divisibilité par 2 et par 5 qui permettent d'établir rapidement ces deux listes sans faire de division.
Demander aux élèves d'écrire la liste de tous les nombres compris entre 71 et 89 qui sont divisibles par 2 : 72 ; 74 ; 76 ; 78 ; 80 ; 82 ; 84 ; 86 ; 88 (nombres pairs).
Puis divisibles par 5 : 75 ; 80 ; 85.
Idem pour les nombres divisibles par 3 (72 ; 75 ; 78 ; 81 ; 84 ; 87) et divisibles par 9 (72 ; 81) qui s'obtiennent grâce aux critères de divisibilité par 3 et par 9.

**4** Cet exercice a été préparé par l'activité 1, la recherche des nombres premiers inférieurs à 20 s'appuie sur l'utilisation des critères de divisibilité rappelés précédemment. Rappeler qu'un nombre premier ne possède aucun autre diviseur que 1 et lui-même : 2 ; 3 ; 5 ; 7 ; 11 ; 13 ; 17 ; 19.

## Séance 2

### Activités individuelles de mathématisation

**Exercices 5 et 6**

**5** les élèves doivent trouver tous les diviseurs de 48 et de 84 en s'appuyant sur leurs décompositions multiplicatives :
Diviseurs de 48 : 1 ; 2 ; 3 ; 4 ; 6 ; 8 ; 12 ; 16 ; 24 ; 48.
Diviseurs de 84 : 1 ; 2 ; 3 ; 4 ; 6 ; 7 ; 12 ; 14 ; 21 ; 28 ; 42 ; 84.
Diviseurs communs à 48 et 84 : 1 ; 2 ; 3 ; 4 ; 6 ; 12.
Le plus grand diviseur commun à 48 et 84 est donc le nombre 12.

**6** Cet exercice s'appuie sur la méthode du crible d'Eratosthène qui consiste à ne tester la divisibilité que par des nombres premiers et à arrêter les recherches de diviseurs premiers dès que le carré du nombre premier par lequel on essaie de diviser N dépasse la valeur de N.
Par exemple pour les nombres inférieurs à 100, $7^2 = 49$ ; $11^2 = 121$ → on devrait en principe s'arrêter à 11.
Mais comme ici tous les multiples de 11 compris entre 70 et 99 ont déjà été éliminés (77, 88, 99), on peut s'arrêter à 7.
Quand tous les nombres divisibles par 2, par 3, par 5 et par 7 auront été barrés il restera : 71, 73, 79, 83, 89 et 97 qui sont des nombres premiers.

## Séance 3

**Exercices 7 et 8**

**7** La réponse à ce problème est fournie par le plus petit multiple commun à 9 et à 12. Il apparaît en comparant le début des listes des multiples de 9 et des multiples de 12 : il s'agit de 36.
*Les bateaux rentreront ensemble dans ce port dans 36 jours.*

**8** Moitiés divisibles par 2 : 4, 14, 36 donc leurs doubles 8, 28, 72 sont divisibles par 4.
Moitiés divisibles par 3 : 21, 36, 45 donc les nombres 42, 72 et 90 sont divisibles par 6.

## Séance 4

### Évaluation formative

**Exercices 9, 10 et 11**

**9** Liste des multiples de 7 compris entre 50 et 80 : 56, 63, 70, 77. Il faut aller au-delà de la table de multiplication par 7.

**10** Décompositions de 60 :
60 = 1 × 60 = 2 × 30 = 3 × 20 = 4 × 15 = 5 × 12 = 6 × 10 d'où on déduit la liste des diviseurs de 60 : 1, 2, 3, 4, 5, 6, 10, 12, 15, 20, 30, 60.

**11** La réponse attendue est :
6 (7) 9 16 (19) 24 (31) 35

## Séance 5

### Consolidation

**Remédiation : Exercice 12**
Décompositions multiplicatives de 24
24 = 1 × 24 = 2 × 12 = 3 × 8 = 4 × 6
Diviseurs de 24 : 1, 2, 3, 4, 6, 8, 12, 24

**Approfondissement : Exercice 13**
NON, le nombre 1 n'est pas un nombre premier car il ne possède qu'un seul diviseur : lui-même !
Les nombres premiers possèdent deux diviseurs : 1 et eux-mêmes.

# 6 Constructions géométriques (1)

Fichier pp. 22-23

| Programme | **Géométrie.** Constructions géométriques (1). |
|---|---|
| **Objectifs de l'apprentissage** | Connaître et utiliser les propriétés géométriques du trapèze, du parallélogramme, du triangle et du cercle, pour réaliser des constructions géométriques à l'aide des instruments de mesure géométriques. |
| **Remarques préalables** | Le travail de construction géométrique est probablement la partie la plus difficile de la géométrie de la sixième année.<br>Au niveau notionnel, il nécessite en effet de connaître un large lexique spécifique à la discipline, mais également les normes de notation géométrique, et les propriétés des figures usuelles.<br>Au niveau de la maîtrise des instruments de tracé et de mesure, outre la connaissance de l'utilité et de l'utilisation de chacun des outils, une grande rigueur et précision manipulatoires sont nécessaires pour obtenir des tracés de qualité.<br>Dans cette première leçon, nous nous concentrerons en particulier sur les rappels des propriétés des figures.<br>**Difficultés de la leçon**<br>– Mobiliser toutes ses connaissances pour bien comprendre les énoncés géométriques.<br>– Utiliser à bon escient et correctement les instruments géométriques.<br>**Aide**<br>L'affichage ou la mise à disposition de « fiches d'identité » des figures usuelles. |

**Calcul mental : Tables de multiplication.**

**Séances 1 à 3 (sur ardoise)**
**Séance 1 :** *Un facteur inférieur à 5, l'autre supérieur à 5.*
*Dire : « 4 × 7 » ; l'élève écrit 28.*
**Séance 2 :** *Deux facteurs supérieurs à 5.*
*Dire : « 6 × 7 » ; l'élève écrit 42.*
**Séance 3 :** *Tables de 8 et 9.*
*Dire : « 8 × 9 » ; l'élève écrit 72.*

**Séance 4 (sur fichier)**
→ *Dire : « 6 × 9 » ; l'élève écrit 54.*
***Items*** *: 6 × 9 ; 7 × 6 ; 8 × 7 ; 6 × 8 ; 7 × 9*

**Séance 5 :** *Consolidation des séances précédentes*

## Séance 1

### Activités collectives de construction du concept

**Activité 1 : Réviser les propriétés des figures usuelles**

**Organisation :** Groupes de deux élèves.
**Matériel :** Matériel photocopiable ci-dessous, règle graduée, équerre, compas, rapporteur, crayon gris, gomme.

- Préparer sur le tableau de la classe la liste de propriétés présente dans l'exercice 1 du fichier :
– deux côtés opposés parallèles ;
– côtés opposés parallèles deux à deux ;
– ...
- Annoncer aux élèves qu'ils vont devoir étudier des figures qu'ils connaissent déjà, en vérifiant pour chacune d'entre-elles la liste des propriétés affichées au tableau, à l'aide de leurs instruments géométriques.
- Distribuer à chaque groupe 3 ou 4 figures au hasard. Faire verbaliser le nom de chaque figure.
- Chaque groupe va devoir écrire sur son cahier d'exercices, pour chacune des propriétés, les lettres des figures qui possèdent cette propriété.
- Une mise en commun est effectuée au tableau.

**Activité 2 : Exercice 1 du fichier**
**Activité individuelle**

- À partir de la liste des propriétés des figures écrite au tableau, chaque élève va devoir rassembler toutes ces informations en complétant le tableau.
– Faire remplir la première colonne pour faire correspondre la lettre de la figure à son nom.
– Mettre une croix dans les cases lorsque la figure possède la propriété correspondante.

| | Lettre de la figure | Deux côtés opposés parallèles | Côtés opposés parallèles deux à deux | Côtés opposés de même longueur | Les diagonales se coupent en leur milieu | 4 angles droits | Tous les points à la même distance du centre |
|---|---|---|---|---|---|---|---|
| Triangle | D | | | | | | |
| Rectangle | A | | ✗ | ✗ | ✗ | ✗ | |
| Carré | F | | ✗ | ✗ | ✗ | ✗ | |
| Losange | G | | ✗ | ✗ | ✗ | | |
| Parallélogramme | C | | ✗ | ✗ | ✗ | | |
| Trapèze | E | ✗ | | | | | |
| Cercle | B | | | | | | ✗ |

*Remarque :* Nous avons adopté la désignation la plus précise pour chaque figure mais A et F sont des rectangles ; F et G sont des losanges ; A, C, F et G sont des parallélogrammes...

## Séance 2

**Activité 3 : Reconnaître les notations géométriques et leur signification**

**Organisation :** Classe entière.

- Rappeler qu'en géométrie chaque notation a sa propre signification.
- Écrire des notations au tableau et demander ce qu'elles signifient. Ecrire les réponses. Les élèves les recopient sur leur cahier d'exercices.

- (AB) : droite qui passe par les points A et B
- (D) : droite nommée D
- [AB] : segment qui relie les points A et B
- AB = 5 cm : la longueur du segment [AB]
- (AB) // (CD) : (AB) parallèle à (CD)
- (AB) ⊥ (CD) : (AB) perpendiculaire à (CD)
- $\widehat{O}$ : nom de l'angle de sommet O
- $\widehat{AOB}$ : angle de sommet O délimité par A et B

**Activité 4 : Exercice 2 du fichier**

Faire lire l'énoncé de l'exercice. Un ou plusieurs élèves effectuent le tracé au tableau pour arriver à la figure du fichier.

Faire lire la première consigne, et la faire commenter par la classe. Demander de venir faire le tracé. Les élèves reproduisent le tracé sur leur fichier.

Terminer l'exercice de la même manière guidée, consigne après consigne.

## Activités individuelles de mathématisation

**Exercice 3**

Les élèves vont devoir utiliser leur règle et leur équerre pour vérifier le parallélisme des côtés des figures. Préciser qu'on s'intéresse à chaque fois aux segments d'une même figure.

*Remarque :* En toute rigueur ce sont les droites qui portent les segments qui sont parallèles.

[AB] // [CD] ; [AD] // [BC] ; [FG] // [EH]

Même longueur : [AB] et [CD] ; [AD] et [BC]

## Séance 3

**Exercices 4 et 5**

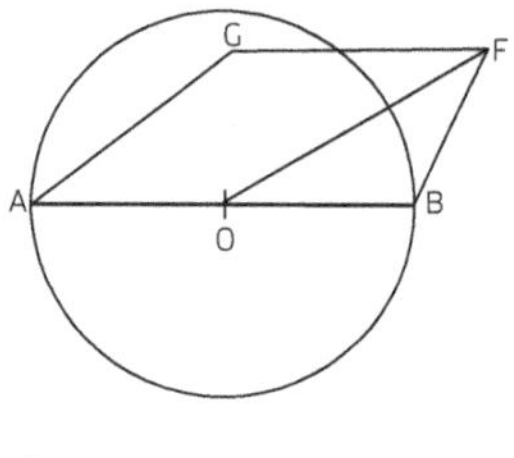


**4** Difficultés de cet exercice : précision du tracé du cercle, usage du rapporteur pour tracer un angle de 30°.

Le point F n'est pas situé sur le cercle de centre O et de rayon [OA].

*Le point G fait partie du disque de centre O et de rayon [OA].*

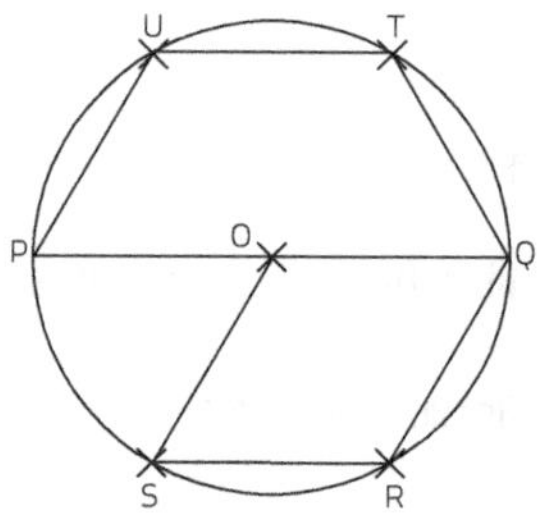


**5** La précision des tracés est indispensable pour répondre correctement à la question finale.

*Les points P, Q, R, S, T et U sont situés sur le cercle de centre O et de diamètre [PQ].*

## Séance 4

## Évaluation formative

**Exercice 6**

Dans cette évaluation, il sera peut-être nécessaire de préciser la signification du terme « équilatéral », et de rappeler la définition de la hauteur d'un triangle, bien que ces notions aient été étudiées en CM2.

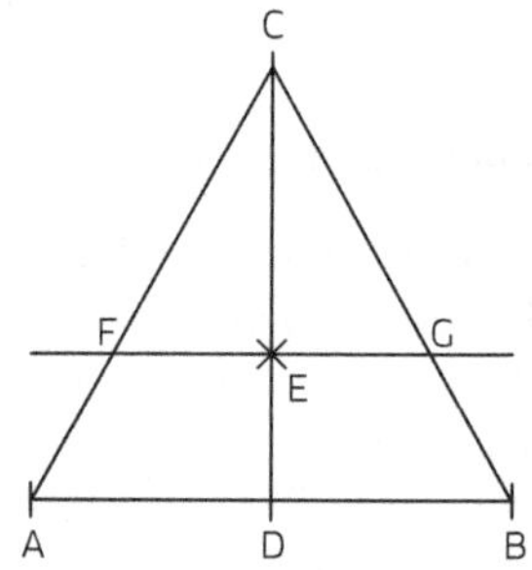


Ce tracé est plus simple que celui des exercices 4 et 5.

*La figure ABGF est un trapèze (isocèle).*

## Séance 5

## Consolidation

**Remédiation : Exercice 7**

Cet exercice permet de réactiver l'utilité des différents outils géométriques.

**Approfondissement : Exercice 8**

L'élève doit s'apercevoir que les trois faces visibles de ce cube tronqué sont identiques. Il n'est pas nécessaire de calculer la longueur des côtés du triangle vert, mais juste en déduire que AB = BC = AC.

*La figure ABC est un triangle équilatéral.*

# Matériel photocopiable

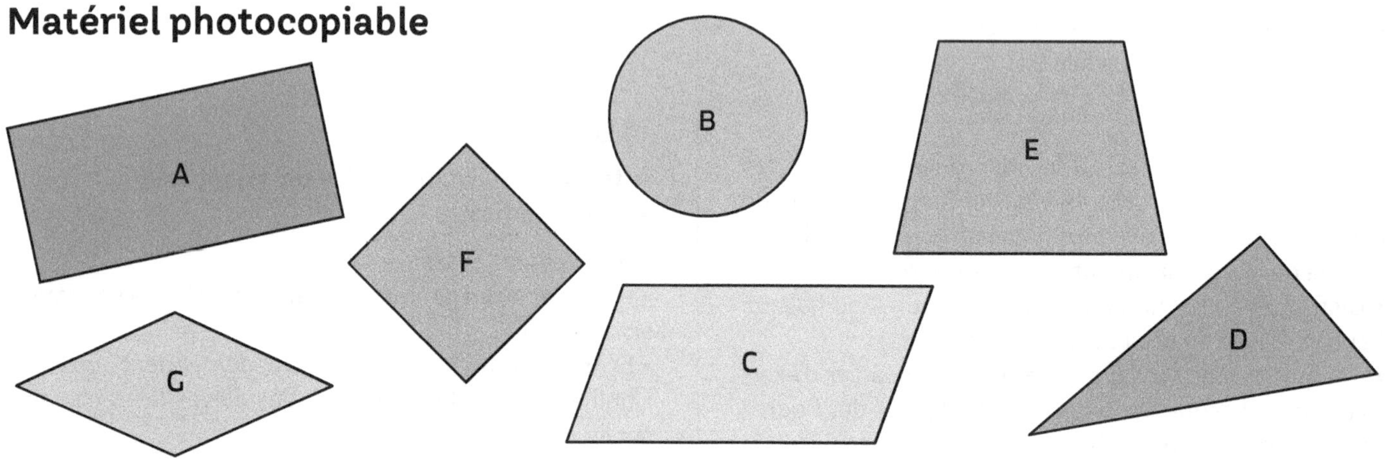

# 7 Mesure du périmètre et de l'aire des figures usuelles

Fichier pp. 24-25

| | |
|---|---|
| **Programme** | **Mesure.** Mesure du périmètre et de l'aire : le triangle, le carré, le rectangle, le losange, le parallélogramme et le trapèze. |
| **Objectifs de l'apprentissage** | – Calculer le périmètre et l'aire des polygones usuels et de certaines figures géométriques composées de polygones usuels.<br>– Résoudre des situations-problèmes en lien avec le calcul du périmètre et de l'aire. |
| **Remarques préalables** | Les notions de « périmètre » et d'« aire » sont souvent confondues par les élèves.<br>Pour montrer que le périmètre d'un polygone est une longueur, faire entourer le tableau avec une ficelle puis faire mesurer la longueur de celle-ci.<br>Pour montrer que l'aire est la mesure d'une surface, il faut jouer au peintre et faire recouvrir une partie du tableau avec une craie de couleur ou une éponge humide.<br>Dans cette leçon, les élèves vont construire et utiliser les formules de calcul du périmètre et de l'aire des polygones usuels. Ils vont utiliser les unités d'aire conventionnelles construites sur les unités de longueur du système métrique.<br>Nous avons choisi de ne pas revenir sur les calculs de l'aire du carré et de l'aire du rectangle qui ont été traités en cinquième année.<br>**Difficultés de la leçon**<br>– Confondre périmètre et aire.<br>– Retenir les formules de calcul.<br>**Aide**<br>Faire colorier le contour pour le périmètre et la surface intérieure pour l'aire. |

**Calcul mental : Tables de multiplication.**

**Séances 1 à 3 (sur ardoise)**
**Séance 1 :** *Deux facteurs inférieurs à 6.*
*Dire : « En 15 combien de fois 3 ? » ; l'élève écrit 5.*
**Séance 2 :** *Un facteur supérieur à 5.*
*Dire : « En 32 combien de fois 4 ? » ; l'élève écrit 8.*
**Séance 3 :** *Deux facteurs supérieurs à 5.*
*Dire : « En 56 combien de fois 7 ? » ; l'élève écrit 8.*

**Séance 4 (sur fichier)**
➜ *Dire : « En 28 combien de fois 4 ? » ; l'élève écrit 7.*
***Items :*** *« En 28 combien de fois 4 ? » ; « En 54 combien de fois 6 ? » ; « En 63 combien de fois 9 ? » ; « En 72 combien de fois 8 ? » ; « En 42 combien de fois 6 ? ».*

**Séance 5 :** *Consolidation des séances précédentes.*

## Séance 1

### Activités collectives de construction du concept

**Organisation :** Classe entière
**Matériel :** Matériel photocopiable en fin de guide, ciseaux.

**Activité 1 : Définir et calculer un périmètre**
▪ Au tableau, dessiner une figure quelconque représentant un champ. L'agriculteur veut le clôturer. Où va-t-il placer ses piquets ? Un élève vient suivre le bord du champ avec son doigt. Le périmètre est défini. C'est une longueur.
▪ Sur le champ dessiné, écrire des mesures de côtés en mètres.
Faire calculer le périmètre du champ.

**Activité 2 : Formules de calcul du périmètre**
▪ Présenter des figures usuelles : triangles, carrés, losanges, rectangles, parallélogrammes.
– Nommer les mesures des longueurs des côtés par des lettres a, b, c, d...
– Demander aux élèves de trouver des formules de calcul qui économisent l'écriture des calculs. On peut remplacer des sommes par des produits.
– Faire remarquer que le carré et le losange qui possèdent quatre côtés égaux ont des formules de calcul identiques : P = 4 × a ; que le rectangle et le parallélogramme qui ont les côtés opposés égaux ont eux aussi des formules de calcul identiques, qui passent par le demi-périmètre. P = 2 × (a + b)

**Activité 3 : Découpages et aires**
▪ Distribuer le matériel photocopiable.
▪ Demander aux élèves de découper les figures pour montrer :
1. que l'aire de deux triangles est égale à l'aire d'un rectangle ;
2. que l'aire d'un rectangle est égale à l'aire de deux losanges ;
3. que l'aire d'un parallélogramme est égale à celle d'un rectangle.

**Activité 4 : Exercices 1 et 2 du fichier**
**1** Constater que pour calculer le périmètre du triangle et celui du trapèze, il faut additionner les mesures des longueurs des côtés, car aucune n'est identique.
– Pour le triangle, **P = a + b + c** ; pour le trapèze **P = a + b + c + d.**
– Pour le carré et le losange qui ont quatre côtés de même longueur a, **P = 4 × a.**
– Pour le rectangle et le parallélogramme **P = 2 × (a + b)**, (a + b) étant le demi-périmètre.

**2** Constater que le triangle et le losange s'inscrivent chacun dans un rectangle et que l'aire de ces figures est la moitié de celle des rectangles. La formule du calcul de l'aire du triangle s'écrit donc : Aire = $\frac{\text{base} \times h}{2}$

Pour celle du losange, les mesures des diagonales étant équivalentes à celles des côtés du rectangle,

Aire = $\frac{d_1 \times d_2}{2}$

- Le parallélogramme se transforme en rectangle, son aire se calcule donc avec la formule :
Aire = Base (longueur d'un côté) × h.
- La transformation du trapèze en parallélogramme demande plus d'attention. La base est égale à B + b :
Aire = $\frac{(B + b) \times h}{2}$

## Séance 2

## Activités individuelles de mathématisation

### Exercice 3

Cet exercice est l'application numérique des formules du calcul du périmètre et de l'aire du losange.

– Les côtés du losange ont la même longueur : 50 cm.
Pour calculer le périmètre, on calcule :
4 × 50 cm = 200 cm

*Le périmètre du losange est égal à 200 cm.*

– Le calcul de l'aire du losange réinvestit la formule
Aire = $\frac{d_1 \times d_2}{2}$ = (80 cm × 60 cm) ÷ 2 = 4 800 $cm^2$ ÷ 2
= 2 400 $cm^2$

*L'aire du losange est 2 400* $cm^2$.

Rappeler que les unités d'aire s'appuient sur les unités de longueur : cm → $cm^2$ ; m → $m^2$.

## Séance 3

### Exercices 4, 5 et 6

**4** Les marques sur les côtés des quadrilatères rappellent leurs propriétés. C'est une aide pour le calcul des mesures des côtés du losange. Faire repasser le périmètre en rouge. Expliquer aux élèves qu'ils ont le droit d'écrire les mesures manquantes sur le dessin. Certaines doivent être calculées.

**P = 22 m + 4 m + 4 m + 21 m + 18 m + 18 m + 18 m + 25 m = 130 m**

**5** L'aire de la figure est égale à l'aire du trapèze plus celle du triangle.

Aire trapèze = (10 m + 7m) × 6 m ÷ 2 = 51 $m^2$

Aire triangle = (7 m × 2 m) ÷ 2 = 7 $m^2$

**A = 51 $m^2$ + 7 $m^2$ = 58 $m^2$**

**6** Pour calculer la mesure de la longueur et celle de la largeur d'un champ rectangulaire dont on connaît le périmètre : 720 m, il faut passer par le calcul du demi-périmètre : 720 m ÷ 2 = 360 m. On sait que la longueur est le double de sa largeur, donc que le demi-périmètre est égal à trois largeurs. La largeur mesure donc 360 m ÷ 3 = 120 m. La longueur mesure donc 240 m. On calcule l'aire : 240 m × 120 m = 28 800 $m^2$.

*L'aire du champ rectangulaire est 28 800* $m^2$.

## Séance 4

## Évaluation formative

### Exercices 7 et 8

**7** Il faut se rappeler que les côtés du losange ont même longueur. Pour calculer le périmètre de cette figure composée de losanges identiques, il suffit donc de multiplier la mesure d'un côté (5 m) par 10 (le nombre de côtés).

*Le périmètre de la figure est 50 m.*

– Pour calculer l'aire d'un losange il faut appliquer la formule : ($d_1$ × $d_2$) ÷ 2 → (8 m × 6 m) ÷ 2 = 24 $m^2$. Pour calculer l'aire de la figure, il faut multiplier cette aire par 4 : 4 × 24 $m^2$= 96 $m^2$

*L'aire de la figure est 96* $m^2$.

**8** Pour calculer l'aire de la surface verte, il faut d'abord calculer l'aire du trapèze ABCD :
(20 m + 10 m) × 12 m ÷ 2 = 180 $m^2$ ;
puis l'aire du rectangle blanc : 9 m × 6 m = 54 $m^2$ et soustraire celle-ci à celle du trapèze :
180 $m^2$ – 54 $m^2$ = 126 $m^2$.

*L'aire de la surface verte est 126* $m^2$.

## Séance 5

## Consolidation

### Remédiation : Exercice 9

Faire construire le rectangle dont l'aire est égale à celle du parallélogramme.

*L'aire du parallélogramme est 15* $m^3$.

### Approfondissement : Exercice 10

Le périmètre de la figure est équivalent au périmètre d'un rectangle de 15 cm de longueur et 10 cm de largeur. Faire construire ce rectangle à partir de la figure.

*Le périmètre de la figure est 50 cm.*

# 8 Les nombres fractionnaires : opérations arithmétiques

Fichier pp. 26-27

| | |
|---|---|
| **Programme** | **Nombres et calcul.** Les nombres fractionnaires : opérations arithmétiques (addition, soustraction, produit et division). |
| **Objectifs de l'apprentissage** | Calculer des sommes, des différences, des produits ou des quotients de nombres fractionnaires entre eux, ou avec des nombres entiers ou décimaux. |
| **Remarques préalables** | Les calculs sur les nombres fractionnaires nécessitent d'avoir bien compris qu'une même fraction peut prendre différentes formes sans que sa valeur ne soit modifiée. En effet, le calcul de sommes ou de différences de fractions nécessite souvent avant d'effectuer les calculs, d'unifier les dénominateurs en modifiant la forme des fractions sans en changer la valeur.<br>Les produits et les quotients de fractions sont des calculs plus rapides qui ne nécessitent aucune phase préparatoire.<br>**Difficultés de la leçon**<br>– Savoir transformer en fraction un nombre entier ou un nombre décimal.<br>– Calculer des sommes ou des différences de fractions ayant des dénominateurs différents.<br>**Aide**<br>Des manipulations d'unités de longueur ou d'aire qui peuvent être découpées en parts identiques permettent de passer des entiers aux fractions et de comprendre la nécessité d'unifier les dénominateurs pour additionner ou soustraire des fractions. Ces manipulations sont normalement faites en début d'apprentissage. |

**Calcul mental : Compléments à la dizaine supérieure, à la centaine supérieure.**

**Séances 1 à 3 (sur ardoise)**
**Séance 1 :** *Complément à la dizaine supérieure.*
*Écrire : 38 + ... = 40 ; l'élève écrit 2.*
**Séance 2 :** *Complément à la centaine supérieure.*
*Écrire : 680 + ... = 700 ; l'élève écrit 20.*
**Séance 3 :** *Complément à la centaine supérieure.*
*Écrire : 347 + ... = 400 ; l'élève écrit 53.*

**Séance 4 (sur fichier)**
➜ *Écrire : 286 + ...= 300 ; l'élève écrit 14.*
***Items :** 286 + ... = 300 ; 73 + ... = 80 ; 320 + ... = 400 ; 124 + ... = 200 ; 640 + ... = 700.*

**Séance 5 :** *Consolidation des séances précédentes.*

## Séance 1

## Activités collectives de construction du concept

**Organisation :** Classe entière.
**Matériel :** Trois disques en carton identiques (ex. : dessous de tarte de pâtissier), règle, crayon, ciseaux, rapporteur.

### Activité 1 : Additionner des fractions de disque

▪ Tracer le diamètre de l'un des disques, découper le disque en deux parts égales.
– Demander quelle fraction du disque représente ce morceau et y écrire $\frac{1}{2}$.
– Sur un deuxième disque, tracer trois rayons formant un angle de 120° et découper une des trois parts égales. Demander quelle fraction du disque représente ce morceau et y écrire $\frac{1}{3}$.

▪ Juxtaposer les deux parts de chaque disque et demander comment peut se traduire cette juxtaposition. Réponse attendue : $\frac{1}{2} + \frac{1}{3}$.
– Placer ces deux parties juxtaposées sur le troisième disque et en marquer la trace.
– Annoncer : « Nous allons chercher à quelle fraction du disque correspond cette trace. »

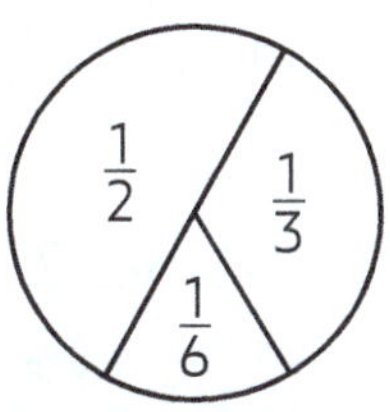


▪ Découper la partie restante du troisième disque et montrer qu'elle correspond à $\frac{1}{6}$ du disque en la reportant 6 fois de suite sur le disque.
– Mesurer chaque partie découpée à l'aide de cette fraction unitaire. Établir que : $\frac{1}{2} = \frac{3}{6}$ et $\frac{1}{3} = \frac{2}{6}$. Montrer que ces transformations s'obtiennent aussi en multipliant le numérateur et le dénominateur par un même nombre.
– Mesurer la trace de la juxtaposition des deux parties avec cette fraction unitaire. Elle est égale à $\frac{5}{6}$. Traduction mathématique :
$\frac{1}{2} + \frac{1}{3} = \frac{3}{6} + \frac{2}{6} = \frac{5}{6}$
▪ Rappeler les règles permettant d'additionner ou de soustraire deux fractions.

### Activité 2 : Exercices 1, 2, 3 et 4 du fichier

**1** Samir doit calculer $\frac{2}{5} + 3 - 1{,}8$. Deux organisations différentes sont proposées pour réaliser ce calcul, celle de Farik privilégie le calcul de (3 – 1,8) en utilisant les nombres décimaux. Celle de Moktar privilégie le calcul de $\frac{2}{5} + 3$ en transformant 3 en fraction. La deuxième partie du calcul dépend des résultats obtenus précédemment. Les élèves doivent lire la bulle de Mathix et justifier chacune des étapes des deux calculs avant d'en donner le résultat sous forme décimale : 1,6. On obtient le même résultat dans les deux cas. Conclure en rappelant les règles de calcul utilisées et la propriété qu'offre l'addition de pouvoir grouper les calculs selon son choix (associativité).

**2** Les élèves doivent compléter le produit d'une fraction par une fraction $\frac{3 \times 4}{7 \times 5} = \frac{12}{35}$, d'une fraction par un nombre entier $\frac{3}{7} \times \frac{5}{1} = \frac{3 \times 5}{7 \times 1} = \frac{15}{7}$, d'une fraction par un nombre décimal $\frac{3}{7} \times \frac{23}{10} = \frac{3 \times 23}{7 \times 10} = \frac{69}{70}$. Dans chaque cas, une fois chaque facteur transformé en fraction, la règle de calcul est la même, la mettre en évidence.

**3** Les élèves découvrent la définition de l'inverse d'une fraction défini par la relation : a × Inv(a) = 1. Ils vérifient que $\frac{7}{3}$ est bien l'inverse de $\frac{3}{7}$ en calculant : $\frac{3}{7} \times \frac{7}{3}$.
La règle qui s'en déduit est simple : pour calculer l'inverse d'une fraction on permute son numérateur et son dénominateur.

**4** Les élèves calculent le quotient d'une fraction par une fraction, par un nombre entier ou par un nombre décimal en appliquant la règle : « Pour diviser par une fraction on multiplie par son inverse ».

$\frac{2}{5} \div \frac{3}{7} = \frac{2}{5} \times \frac{7}{3} = \frac{2 \times 7}{5 \times 3} = \frac{14}{15}$

$\frac{2}{5} \div 3 = \frac{2}{5} \div \frac{3}{1} = \frac{2}{5} \times \frac{1}{3} = \frac{2 \times 1}{5 \times 3} = \frac{2}{15}$

$\frac{2}{5} \div 1{,}4 = \frac{2}{5} \div \frac{14}{10} = \frac{2}{5} \times \frac{10}{14} = \frac{2 \times 10}{5 \times 14} = \frac{20}{70}$

## Séance 2

## Activités individuelles de mathématisation

### Exercices 5, 6 et 7

**5** Les élèves doivent compléter deux calculs :

$\left(\frac{7}{2} - 2\right) - \left(\frac{11}{3} - 3\right) = \frac{3}{2} - \frac{2}{3} = \frac{9}{6} - \frac{4}{6} = \frac{5}{6}$

$\left(8 - \frac{5}{7}\right) + \left(11 - \frac{2}{7}\right) = \frac{51}{7} + \frac{75}{7} = \frac{126}{7}$

**6** Les élèves effectuent trois calculs de produit :

$\frac{8}{3} \times \frac{7}{8} = \frac{8 \times 7}{3 \times 8} = \frac{56}{24} = \frac{7}{3}$ $\quad 5 \times \frac{7}{15} = \frac{35}{15} = \frac{7}{3}$

$\frac{5}{8} \times 2{,}4 = \frac{5}{8} \times \frac{24}{10} = \frac{120}{80} = \frac{12}{8} = \frac{3}{2}$

Les simplifications ne sont pas forcément exigibles, mais si elles doivent être faites, il est préférable de les prendre en compte avant d'effectuer le calcul du produit des numérateurs et des dénominateurs entre eux car les facteurs communs apparaissent plus facilement.

**7** Les élèves s'exercent à calculer des inverses :

- $\text{Inv}\left(\frac{5}{7}\right) = \frac{7}{5}$ ; $\text{Inv}(3) = \text{Inv}\left(\frac{3}{1}\right) = \frac{1}{3}$ ;
$\text{Inv}(2{,}5) = \text{Inv}\left(\frac{25}{10}\right) = \frac{10}{25} = \frac{2}{5}$
- $\text{Inv}\left(\frac{12}{5}\right) = \frac{5}{12}$ ; $\text{Inv}(13) = \frac{1}{13}$ ; $\text{Inv}(3{,}4) = \text{Inv}\left(\frac{34}{10}\right) = \frac{10}{34}$

## Séance 3

### Exercices 8 et 9

**8** Les élèves calculent trois quotients sous forme de fraction, les simplifications ne sont pas exigibles, si on les effectue avant d'effectuer les produits des numérateurs et des dénominateurs, on obtient le résultat noté en dernier.

$\frac{24}{5} \div \frac{3}{10} = \frac{24}{5} \times \frac{10}{3} = \frac{24 \times 10}{5 \times 3} = \frac{240}{15} = 16$

$\frac{18}{4} \div \frac{6}{7} = \frac{18}{4} \times \frac{7}{6} = \frac{18 \times 7}{4 \times 6} = \frac{126}{24} = \frac{21}{4}$

$\frac{12}{5} \div \left(\frac{3}{5} + 1\right) = \frac{12}{5} \div \frac{8}{5} = \frac{12}{5} \times \frac{5}{8} = \frac{12 \times 5}{5 \times 8} = \frac{60}{40} = \frac{3}{2}$

**9** Il reste $\frac{2}{5}$ de la citerne après la livraison du premier client $\left(\frac{5}{5} - \frac{3}{5} = \frac{2}{5}\right)$.
Les $\frac{2}{3}$ de ce qu'il reste dans la citerne se traduit par
$\frac{2}{3} \times \frac{2}{5} = \frac{4}{15}$. *Le second client reçoit $\frac{4}{15}$ de la citerne.*

## Séance 4

## Évaluation formative

### Exercices 10, 11 et 12

**10** Les élèves effectuent ces deux calculs qui leur font revoir toutes les étapes des calculs additifs ou soustractifs :

$\frac{3}{5} + \frac{7}{10} - 1{,}2 = \frac{6}{10} + \frac{7}{10} - \frac{12}{10} = \frac{1}{10}$

$\left(2 + \frac{3}{4}\right) - \left(1 - \frac{1}{8}\right) = \left(\frac{8}{4} + \frac{3}{4}\right) - \left(\frac{8}{8} - \frac{1}{8}\right) = \frac{11}{4} - \frac{7}{8}$
$= \frac{22}{8} - \frac{7}{8} = \frac{15}{8}$

**11** Les élèves calculent des inverses :

$\text{Inv}\left(\frac{8}{9}\right) = \frac{9}{8}$ ; $\text{Inv}(20) = \frac{1}{20}$ ; $\text{Inv}(0{,}8) = \text{Inv}\left(\frac{8}{10}\right) = \frac{10}{8}$

**12** Les élèves calculent deux expressions mêlant somme, produit et quotient :

$\frac{3}{7} \times \left(7 + \frac{1}{3}\right) = \frac{3}{7} \times \left(\frac{21}{3} + \frac{1}{3}\right) = \frac{3}{7} \times \frac{22}{3} = \frac{22}{7}$

$\frac{3}{7} \div \left(7 + \frac{1}{3}\right) = \frac{3}{7} \div \frac{22}{3} = \frac{3}{7} \times \frac{3}{22} = \frac{9}{154}$

## Séance 5

## Consolidation

### Remédiation : Exercice 13

Les $\frac{3}{4}$ de 6,8 t de sable se calculent en effectuant le produit : $\frac{3}{4} \times 6{,}8 = \frac{3}{4} \times \frac{68}{10} = \frac{204}{40} = \frac{51}{10} = 5{,}1$
*Le camion transporte 5,1 t de sable.*

### Approfondissement : Exercice 14

L'élève a unifié les dénominateurs, ce qui n'était pas nécessaire, et a oublié dans la dernière étape de multiplier les dénominateurs entre eux.

$\mathbf{\frac{3}{5} \times \frac{7}{10} = \frac{3 \times 7}{5 \times 10} = \frac{21}{50} = \frac{42}{100} = 0{,}42}$

# B2 Bilan de l'unité 2

Fichier pp. 28-29

## Évaluation sommative

| Énoncés | Réponses et commentaires |
| --- | --- |
| **1** **Écris** les 5 premiers multiples non nuls de 15 puis de 20. **Écris** le plus petit multiple commun à 15 et à 20. | Cinq premiers multiples non nuls de 15 : 15 ; 30 ; 45 ; **60** ; 75<br>Cinq premiers multiples non nuls de 20 : 20 ; 40 ; **60** ; 80 ; 100<br>Le plus petit multiple commun à 15 et à 20 est le nombre 60<br>**Remédiation :** Montrer que ces listes peuvent s'obtenir en comptant de 15 en 15 pour la première, de 20 en 20 pour la seconde. |
| **2** **Complète** les décompositions multiplicatives de 18 et de 19. | $18 = 1 \times 18 = 2 \times 9 = 3 \times 6$ Diviseurs de 18 : 1 ; 2 ; 3 ; 6 ; 9 ; 18<br>$19 = 1 \times 19$ Diviseurs de 19 : 1 ; 19<br>18 n'est pas un nombre premier ; 19 est un nombre premier.<br>**Remédiation :** La liste des diviseurs d'un nombre est la liste des facteurs qui interviennent dans ses décompositions multiplicatives. Un nombre est premier quand il ne possède que deux diviseurs : 1 et lui-même. |
| **3** **Complète** ces calculs. | $1{,}7 + \frac{14}{10} = \frac{17}{10} + \frac{14}{10} = \frac{31}{10}$ $\frac{5}{6} + 1 = \frac{5}{6} + \frac{6}{6} = \frac{11}{6}$<br>$\frac{5}{6} - \frac{7}{12} = \frac{10}{12} - \frac{7}{12} = \frac{3}{12} = \frac{1}{4}$ $\frac{3}{7} \times \frac{4}{5} = \frac{3 \times 4}{7 \times 5} = \frac{12}{35}$<br>$\frac{4}{9} \div \frac{5}{7} = \frac{4}{9} \times \frac{7}{5} = \frac{28}{45}$<br>**Remédiation :** Le calcul d'une somme ou d'une différence exige une phase préparatoire pour unifier les dénominateurs, tandis que le calcul d'un produit s'effectue directement. |
| **4** **Termine** la construction de ce triangle rectangle dont les côtés ont pour longueur 6 cm ; 4,5 cm et 7,5 cm, puis **calcule** son périmètre et son aire. | L'élève doit s'apercevoir que le côté de 6 cm n'est pas l'hypoténuse. Ainsi quand les côtés de l'angle droit sont correctement tracés, l'hypoténuse s'en déduit, il reste à vérifier que sa longueur est correcte.<br>Périmètre : 6 cm + 4,5 cm + 7,5 cm = 18 cm<br>Aire : $\frac{6 \text{ cm} \times 4{,}5 \text{ cm}}{2} = 13{,}5 \text{ cm}^2$<br>**Remédiation :** Un triangle rectangle peut être considéré comme la moitié d'un rectangle, ce qui permet de mieux comprendre sa formule de calcul d'aire. |
| **5** **Trace** le quadrilatère dont les sommets sont les milieux des côtés de ce rectangle de 8 cm de long et 3 cm de large. | Ce quadrilatère est un losange.<br>Aire du losange : $\frac{3 \text{ cm} \times 8 \text{ cm}}{2} = 12 \text{ cm}^2$<br>**Remédiation :** La figure montre que le losange occupe la moitié de la surface du rectangle, ce qui justifie sa formule de calcul d'aire. |

## Consolidation

| Énoncés | Réponses et commentaires |
| --- | --- |
| **1** **Complète** ces calculs. | $\frac{4}{3} + \frac{1}{6} = \frac{4 \times 2}{3 \times 2} + \frac{1}{6} = \frac{9}{6}$ $\frac{5}{8} - \frac{1}{4} = \frac{5}{8} - \frac{1 \times 2}{4 \times 2} = \frac{5}{8} - \frac{2}{8} = \frac{3}{8}$<br>Souligner que le numérateur et le dénominateur doivent être multipliés par le même nombre pour ne pas modifier la valeur de la fraction. |
| **2** **Complète** ces calculs. | $\frac{2}{7} \times \frac{9}{5} = \frac{2 \times 9}{7 \times 5} = \frac{18}{35}$ $\frac{4}{3} \div \frac{2}{5} = \frac{4}{3} \times \frac{5}{2} = \frac{4 \times 5}{3 \times 2} = \frac{20}{6}$<br>Le quotient de deux fractions se transforme en un produit par l'inverse du deuxième facteur. |
| **3** **Calcule** l'aire et le périmètre de cet assemblage de carrés. Chaque carré a 2 cm de côté. 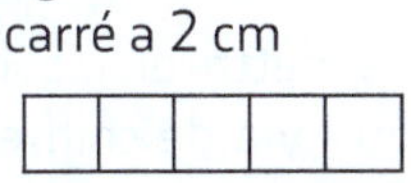 | Périmètre de l'assemblage (ou longueur de son contour) :<br>2 cm + 5 × 2 cm + 2 cm + 5 × 2 cm = 24 cm<br>Aire de l'assemblage : $5 \times (2 \text{ cm} \times 2 \text{ cm}) = 5 \times 4 \text{ cm}^2 = 20 \text{ cm}^2$<br>Cet exercice est destiné à servir de contre-exemple à l'idée que lorsqu'on additionne les aires, les périmètres s'additionnent aussi. La juxtaposition additionne les aires mais n'additionne pas les périmètres. |

# 9 Les nombres décimaux : opérations arithmétiques

Fichier pp. 30-31

| | |
|---|---|
| **Programme** | **Nombres et calcul.** Les nombres décimaux : opérations arithmétiques (addition, soustraction, et produit). |
| **Objectifs de l'apprentissage** | – Utiliser la technique usuelle pour calculer la somme, la différence et le produit de deux nombres décimaux.<br>– Trouver les erreurs dans des opérations d'addition, de soustraction et de multiplication de nombres décimaux, les expliquer puis les corriger.<br>– Résoudre des situations-problèmes. |
| **Remarques préalables** | Les techniques opératoires avec les nombres décimaux sont identiques à celles des nombres entiers.<br>Le traitement de la virgule dans l'addition ou la soustraction ne pose pas de problème particulier aux élèves si ceux-ci ont construit correctement le concept de nombre décimal. Il devient plus délicat pour la multiplication car il ne s'agit plus d'aligner simplement et mécaniquement les chiffres et les virgules correctement, mais il demande une compréhension fine des différentes étapes qui mèneront au positionnement correct de la virgule dans le produit final.<br>**Difficultés de la leçon**<br>– Savoir poser correctement les nombres.<br>– Comprendre les mécanismes des retenues qui varient selon les types d'opérations et savoir les utiliser correctement.<br>– Gérer correctement la virgule quelle que soit l'opération.<br>**Aide**<br>– Poser les nombres dans un tableau de numération.<br>– Utiliser le quadrillage Seyès pour aligner les chiffres et les virgules.<br>– Écrire les nombres décimaux avec le même nombre de chiffres après la virgule en utilisant des zéros.<br>– Pratiquer régulièrement le calcul mental.<br>– Prendre l'habitude de chercher mentalement une valeur approchée du résultat. |

**Calcul mental : Additionner un entier à une fraction simple.**

**Séances 1 à 3 (sur ardoise)**

**Séance 1 :** *Additionner 1 à une fraction.*

*Écrire :* $\frac{3}{4} + 1 = \ldots$ *; l'élève écrit* $\frac{7}{4}$.

**Séance 2 :** *Additionner un entier à une fraction.*

*Écrire* $\frac{2}{5} + 2 = \ldots$ *; l'élève écrit* $\frac{12}{5}$.

**Séance 3 :** *Additionner un entier à une fraction décimale.*

*Écrire* $\frac{7}{10} + 2 = \ldots$ *; l'élève écrit* $\frac{27}{10}$.

**Séance 4 (sur fichier)**

→ *Écrire* $\frac{2}{3} + 1 = \ldots$ *; l'élève écrit* $\frac{5}{3}$.

***Items :*** $\frac{2}{3} + 1 = \ldots$ ; $\frac{1}{4} + 1 = \ldots$ ; $\frac{3}{4} + 2 = \ldots$ ; $\frac{7}{10} + 1 = \ldots$ ; $\frac{13}{10} + 2 = \ldots$

**Séance 5 :** *Consolidation des séances précédentes.*

## Séance 1

### Activités collectives de construction du concept

**Organisation :** Classe entière.
**Matériel :** Cahier d'exercices.

**Activité 1 : L'addition posée**

- Écrire au tableau : 24,65 + 43,5 + 12
- Demander à la classe comment calculer cette addition.
- Faire poser l'addition. Faire remarquer qu'écrire 43,50 au lieu de 43,5 et 12,00 au lieu de 12 facilite la pose et évite une source d'erreur.
- Exiger des élèves de ne pas commencer les calculs avant d'avoir cherché mentalement une valeur approchée du résultat. Utiliser pour cela les parties entières : 24 + 43 + 12 = 79. Ce résultat approché (par défaut) permettra de contrôler le résultat et d'éviter une erreur grossière.

Pour effectuer l'addition, il faut placer correctement les nombres en commençant par aligner les unités sous les unités, vérifier l'alignement des virgules puis ajouter les chiffres d'une même colonne et placer la virgule dans le résultat : 24,65 + 43,50 + 12,00 = 80,15
Ce résultat est conforme à la valeur approchée.

**Activité 2 : La soustraction posée**

- Écrire au tableau : 53,72 – 15,9
- Procéder comme pour l'addition.

Valeur approchée : 53 – 15 = 38
53,72 – 15,9 = 37,82

**Activité 3 : La multiplication posée**

- Écrire au tableau : 5,63 × 3,4

Valeur approchée : 5 × 3 = 15
On effectue l'opération sans tenir compte des virgules : on calcule 563 × 34, c'est-à-dire que l'on a multiplié 5,63 par 100 et 3,4 par 10, le résultat sera multiplié par 1 000. Il faudra donc diviser le résultat par 1 000. Celui-ci comportera une virgule qui aura trois chiffres à sa droite.

- Les élèves posent et calculent la multiplication des nombres entiers : 563 × 34 = 19 142.

Ils en déduisent le calcul avec les nombres décimaux : 5,63 × 3,4 = 19,142.
Dévoiler l'astuce qui consiste à mettre au résultat autant de chiffres après la virgule qu'il y a de chiffres après la virgule dans l'ensemble des facteurs du produit.

**Activité 4 : Exercices 1, 2 et 3 du fichier**

1 Avec Karim, les élèves vont apprendre à poser et à effectuer une addition de trois nombres décimaux.
Faire lire ses conseils et les commenter. Le quadrillage permet un alignement vertical parfait : les unités sous les unités et les virgules sous les virgules. Pour faciliter la pose et le calcul, Karim propose d'écrire 56,50 et 15,00 afin que tous les nombres aient le même nombre de chiffres après la virgule. Les élèves complètent le calcul puis placent la virgule dans le résultat.
56,50 + 7,85 + 15,00 = 79,35.

2 Les élèves vont apprendre à effectuer une soustraction de nombres décimaux.
Faire lire la bulle de Samia et la commenter. Elle écrit 47,40 au lieu de 47,4 pour faciliter la pose et le calcul. Les élèves effectuent l'opération sans tenir compte de la virgule puis ils la placent dans le résultat.
47,40 – 8,34 = 39,06

3 Les élèves vont apprendre à effectuer une multiplication de nombres décimaux. Faire lire la bulle explicative de Mathix et la commenter.
Si on ignore les virgules, c'est comme si on avait multiplié 4,38 par 100 et 2,5 par 10. Le résultat sera alors 1 000 fois trop grand. Il faudra donc le diviser par 1 000, c'est-à-dire placer la virgule pour qu'il y ait 3 chiffres à sa droite. Les élèves complètent l'opération sans oublier de placer convenablement la virgule dans le résultat.
438 × 25 = 10 950 → 4,38 × 2,5 = 10,950

## Séance 2

### Activités individuelles de mathématisation

**Exercices 4, 5 et 6**

4 Il faut poser et calculer deux additions.
75,9 + 16,1 = 92,0 ; 208,5 + 4,58 = 213,08

5 Il faut poser et calculer deux soustractions.
76,58 – 25,24 = 51,34 ; 93,0 – 9,5 = 83,5

6 Les élèves doivent centrer leur attention sur le placement de la virgule dans le résultat.
53,6 × 2,1 = 112,56 ; 6,02 × 3,4 = 20,468 ;
2,352 × 2,81 = 6,60912

## Séance 3

**Exercices 7, 8, 9 et 10**

7 Les élèves doivent poser et calculer quatre multiplications dont deux comportent un zéro à l'intérieur d'un des deux facteurs.
7,83 × 3,2 = 25,056 ; 48,9 × 2,4 = 117,36 ;
9,05 × 4,7 = 42,535 ; 4,6 × 3,04 = 13,984

8 L'erreur de la première opération est l'oubli de la virgule dans le résultat. Celle de la deuxième est l'oubli du report de la retenue dans la colonne des dizaines. Les virgules ne sont pas alignées dans la dernière.
C'est la troisième qu'il faut entourer.

9 Il faut deux opérations pour répondre à la question : une addition 36,7 + 12,85 = 49,55 puis une soustraction : 64 – 49,55 = 15,45.
*Il restera 15,45 Go sur la carte mémoire.*

10 La longueur du baleineau doit être multipliée par 2,5 : 6,80 × 2,5 = 17
*La baleine mesure 17 m.*

## Séance 4

### Évaluation formative

**Exercice 11**
Cet exercice évalue la maîtrise de la pose et du calcul des trois opérations avec des décimaux.
6,85 + 49,6 = 56,45 ; 15,7 – 3,09 = 12,61 ;
2,43 × 3,1 = 7,533

## Séance 5

### Consolidation

**Remédiation : Exercice 12**
La soustraction posée dans le tableau de numération met en évidence l'alignement en colonnes et le système de la retenue : « je compense l'ajout d'une dizaine ».
27,20 – 8,38 = 18,82

**Approfondissement : Exercice 13**
Il faut à la fois connaître les tables et ne pas oublier la retenue.
Pomme = 2 ; Citron = 3.

# 10 Les angles : la bissectrice

Fichier pp. 32-33

| | |
|---|---|
| **Programme** | **Géométrie.** Les angles (la bissectrice). |
| **Objectifs de l'apprentissage** | – Reconnaître une bissectrice et la tracer avec différentes méthodes.<br>– Reconnaître deux angles égaux, deux angles supplémentaires et deux angles complémentaires. |
| **Remarques préalables** | La grandeur géométrique « angle » est une grandeur difficile à concevoir pour les élèves. Ils l'associent souvent à la longueur des côtés de l'angle ou à l'aire de la surface occupée par le secteur angulaire, ce qui fait obstacle à une conception correcte.<br>**Difficultés de la leçon**<br>– Comprendre la grandeur géométrique « angle ».<br>– Le maniement des outils rapporteur et compas.<br>**Aide**<br>– Ne pas hésiter à prolonger les longueurs des côtés de l'angle pour montrer que sa valeur ne change pas, et faciliter ainsi les mesures et les constructions.<br>– Manipuler fréquemment rapporteur et compas. |

**Calcul mental : Soustraire un entier à une fraction simple.**

**Séances 1 à 3 (sur ardoise)**

**Séance 1 :** *Soustraire 1 à une fraction.*

*Écrire* $\frac{7}{4} - 1 = ...$ *; l'élève écrit* $\frac{3}{4}$.

**Séance 2 :** *Soustraire un entier à une fraction.*

*Écrire* $\frac{8}{3} - 2 = ...$ *; l'élève écrit* $\frac{2}{3}$.

**Séance 3 :** *Soustraire un entier à une fraction décimale.*

*Écrire* $\frac{29}{10} - 2 = ...$ *; l'élève écrit* $\frac{9}{10}$.

**Séance 4 (sur fichier)**

→ *Écrire* $\frac{5}{3} - 1 = ...$ *; l'élève écrit* $\frac{2}{3}$.

***Items :*** $\frac{5}{3} - 1 = ...$ ; $\frac{11}{4} - 2 = ...$ ; $\frac{15}{4} - 3 = ...$ ; $\frac{17}{10} - 1 = ...$ ; $\frac{35}{10} - 2 = ...$

**Séance 5 :** *Consolidation des séances précédentes.*

## Séance 1

### Activités collectives de construction du concept

**Organisation :** Classe entière

**Matériel :** Pour l'enseignant : craie, compas, règle, rapporteur de la classe.

Par élève : Compas, règle, rapporteur, crayon, gomme, papier calque, papier uni, cahier d'exercices.

Matériel photocopiable en fin de guide.

**Activité 1 : Comparaison d'angles avec le papier calque et mesure avec le rapporteur**

- Distribuer la photocopie des angles.
- Faire rechercher les angles égaux à l'angle 1.

Comment faire ? Utiliser le papier calque.

Les angles égaux à l'angle 1 sont les angles 2 et 4.

- Faire prolonger les côtés des angles et les comparer à nouveau. Établir le constat que la longueur des côtés de l'angle n'influe pas sur sa mesure.
- Faire vérifier avec le rapporteur.

Présenter le rapporteur et rappeler son maniement.

**Activité 2 : Pliage et bissectrice**

- Tracer un angle sur une feuille de papier, découper l'angle, le plier en rabattant un côté sur l'autre et aplatir le pliage, ouvrir le pliage, repasser le pli en rouge.
- Mesurer les deux angles de part et d'autre du trait rouge avec le rapporteur. Faire constater qu'ils sont égaux.
- Nommer cette demi-droite : c'est la bissectrice de l'angle. Mot qui vient du latin : bis (deux) et secteur (qui coupe).
- Établir la définition : la bissectrice est la demi-droite qui partage un angle en deux angles adjacents égaux.

**Activité 3 : Tracer une bissectrice avec le compas et la règle**

- Cette méthode s'appuie sur une propriété du losange pour lequel les diagonales sont également les bissectrices des angles.
- Tracer un angle bleu au tableau, les élèves tracent un angle quelconque sur leur cahier d'exercices.
- Montrer au tableau la construction de la bissectrice comme indiquée par les dessins ci-dessous.

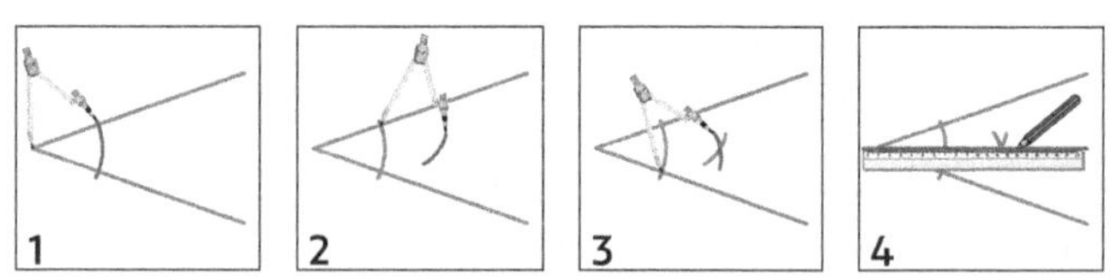


Les élèves suivent pas à pas cette construction et la reproduisent sur le cahier.

- Faire vérifier à l'aide d'un papier calque que les angles adjacents sont égaux, et avec le rapporteur que leur mesure est la moitié de celle de l'angle bleu.
- Faire tracer d'autres angles et leur bissectrice pour mémoriser la technique de la construction de la bissectrice.

**Activité 4 : Tracer une bissectrice avec le rapporteur**

- Tracer au tableau un angle $\widehat{AOB}$ de 80°.
- Faire calculer la mesure que doivent avoir les angles adjacents formés par la bissectrice. Leur valeur est égale à 40°, la moitié de 80°. Le rapporteur est placé

convenablement sur l'angle, la graduation 40° est repérée et marquée.

- Joindre O au point marqué, la bissectrice de l'angle est tracée.

### Activité 5 : Exercices 1 et 2 du fichier

**1** Il faut tracer la bissectrice de deux angles en suivant pas à pas la méthode de Sara, illustrée par la bande dessinée. La construction de la bissectrice avec le compas et la règle est semblable à celle travaillée dans l'activité 3.
Faire lire et commenter la bulle de Mathix pour rappeler la technique.
Elle est identique pour un angle aigu ou obtus.

**2** Demander si le rapporteur est positionné convenablement pour mesurer l'angle jaune.
Demander sur quelle ligne de graduations se lit la mesure de l'angle $\widehat{AOB}$. Localiser le zéro.
Lire la mesure sur la graduation intérieure. **L'angle $\widehat{AOB}$ mesure 70°.**
Les élèves doivent savoir que la bissectrice partage l'angle $\widehat{AOB}$ en deux angles égaux.
**Les deux angles formés par la bissectrice doivent mesurer chacun 35°.**
Ils repèrent la graduation 35° sur le rapporteur et la marquent. Avec leur règle, ils joignent le point O à la marque : la bissectrice est tracée.

## Séance 2

## Activités individuelles de mathématisation

### Exercices 3 et 4

**3** Les angles noirs égaux au modèle rouge sont le premier et le dernier. Ils mesurent 48°.
On tolèrera une marge d'erreur de 2°.

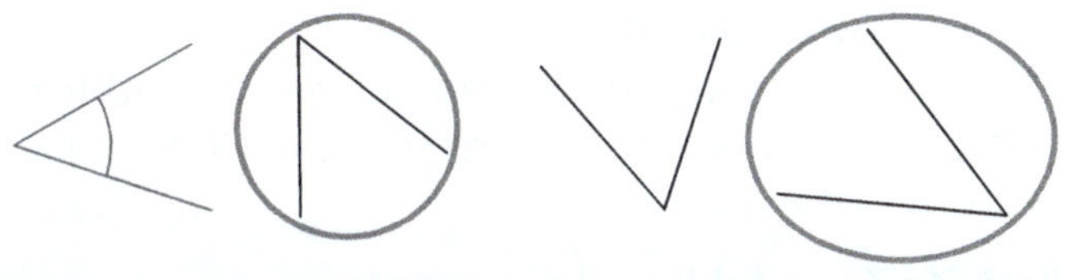

**4** Les illustrations sont une aide pour visualiser la somme des angles : l'angle plat pour les angles supplémentaires et l'angle droit pour les angles complémentaires. Les élèves peuvent mesurer ces sommes avec un rapporteur.
**La somme d'un angle vert et d'un angle jaune est égale à un angle plat ou à *180°*.**
**La somme d'un angle gris et d'un angle bleu est égale à un angle droit ou à *90°*.**

## Séance 3

### Exercices 5, 6, 7 et 8

**5** La somme des angles complémentaires est égale à 90°.
La somme des angles supplémentaires est égale à 180°.
**Angles complémentaires : $\widehat{B}$ et $\widehat{C}$.**
**Angles supplémentaires : $\widehat{A}$ et $\widehat{D}$.**

**6** Complément de 60° = 30°
Complément de 30° = 60°
Complément de 45° = 45°
Supplément de 135° = 45°
Supplément de 90° = 90°
Supplément de 60° = 120°

**7** L'utilisation du papier calque ou du rapporteur montre qu'il faut barrer les figures 1 et 4.

**8** Les deux items de cet exercice font utiliser de manière croisée les outils pour construire la bissectrice et vérifier sa construction.

## Séance 4

## Évaluation formative

### Exercices 9, 10 et 11

**9** On évalue les notions d'angles complémentaires et supplémentaires.
**L'angle complémentaire d'un angle de 54° mesure 36°.**
**L'angle supplémentaire d'un angle de 128° mesure 52°.**

**10** La bissectrice partage l'angle $\widehat{AOC}$ en deux angles égaux donc $\widehat{AOB}$ est égal à $\widehat{BOC}$ et chacun d'eux mesure la moitié de 42°.
**Mesure de $\widehat{AOB}$ = 21° ; Mesure de $\widehat{BOC}$ = 21°**

**11** La bissectrice se trace avec le compas et la règle ou avec le rapporteur et la règle.

## Séance 5

## Consolidation

### Remédiation : Exercice 12

La bissectrice est orange.

### Approfondissement : Exercice 13

La diagonale du rectangle, contrairement à celle du carré n'est pas la bissectrice de l'angle droit $\widehat{BAD}$. On peut le vérifier avec le rapporteur ou le papier calque, ou tracer la bissectrice avec le compas et la règle pour s'apercevoir que celle-ci ne se confond pas avec la diagonale. Dans un triangle rectangle, la somme des angles aigus est égale à 90°, ils sont donc complémentaires. **Donc l'angle $\widehat{DAC}$ est complémentaire de l'angle $\widehat{CAB}$.**
Faire trouver d'autres angles complémentaires : $\widehat{DAC}$ et $\widehat{ACD}$ ; $\widehat{BAC}$ et $\widehat{ACB}$.

# 11 Unités de mesure du volume : m³, multiples et sous-multiples

Fichier pp. 34-35

| | |
|---|---|
| **Programme** | **Mesure.** Unités de mesure du volume $m^3$, ses multiples et sous-multiples.<br>Unités de mesure de la capacité. |
| **Objectifs de l'apprentissage** | – Reconnaître, comparer, ranger les unités de mesure du volume.<br>– Reconnaître et convertir les unités de mesure de volume et les unités de mesure de la capacité. |
| **Remarques préalables** | La capacité mesure des volumes. La seule différence entre capacité et volume réside dans les unités utilisées : une bouteille d'un litre contient 1 $dm^3$ d'eau.<br>**Difficultés de la leçon**<br>– Comprendre qu'une unité de volume est 1 000 fois plus petite ou 1 000 fois plus grande que sa voisine.<br>– Accepter de désigner la même grandeur physique de deux façons différentes, l'une (le volume) se mesurant avec des unités métriques allant de mille en mille, l'autre (la capacité) se mesurant avec des unités allant de dix en dix.<br>**Aide**<br>– Utiliser le tableau de conversion des unités de mesure des volumes dans lequel, à chaque unité correspondent trois colonnes.<br>– Utiliser le tableau de correspondance entre volume et capacité. |

**Calcul mental : Multiplier une fraction par un entier.**

**Séances 1 à 3 (sur ardoise)**

**Séance 1 :** *Multiplier une fraction par un entier.*

*Écrire* $2 \times \frac{3}{5} = ...$ *; l'élève écrit* $\frac{6}{5}$.

**Séance 2 :** *Multiplier une fraction par un entier.*

*Écrire* $3 \times \frac{8}{3} = ...$ *; l'élève écrit* $\frac{24}{3} = 8$.

**Séance 3 :** *Multiplier une fraction décimale par un entier.*

*Écrire* $2 \times \frac{29}{10} = ...$ *; l'élève écrit* $\frac{58}{10}$.

**Séance 4 (sur fichier)**

→ *Écrire* $2 \times \frac{5}{7} = ...$ *; l'élève écrit* $\frac{10}{7}$.

***Items :*** $2 \times \frac{5}{7} = ...$ ; $5 \times \frac{3}{7} = ...$ ; $3 \times \frac{2}{3} = ...$ ; $2 \times \frac{7}{10} = ...$ ; $10 \times \frac{5}{10} = ...$

**Séance 5 :** *Consolidation des séances précédentes.*

## Séance 1

### Activités collectives de construction du concept

**Organisation :** Classe entière.
**Matériel :** Cahier d'exercices.

#### Activité 1 : Définition

▪ Présenter le dessin du mètre cube au tableau. En donner la définition : le mètre cube ($m^3$) est le volume d'un cube dont l'arête mesure 1 m.

▪ Modifier les dimensions en 1 dm, puis 1 cm à l'arête du cube et en faire déduire le nom des unités de volume correspondantes : décimètre cube ($dm^3$), centimètre cube ($cm^3$).

▪ Demander quelle est la dimension du cube d'un millimètre cube ($mm^3$) de volume.

#### Activité 2 : Relations du m³ et de ses sous-multiples

▪ Faire calculer le nombre de cubes de 1 dm d'arête nécessaires pour recouvrir le bas d'un cube de 1 m d'arête. Rappeler que 1 m = 10 dm. Il en faut : 10 × 10 = 100.

▪ Faire calculer le nombre de couches qu'il faut pour remplir le cube de 1 $m^3$. Il faut 10 couches de cubes de 1 dm d'arête.

Il faudra donc 10 × 100 cubes = 1 000 cubes de 1 dm d'arête pour remplir le cube de 1 $m^3$.

Déduire l'égalité : 1 $m^3$ = 1 000 $dm^3$.

▪ Faire calculer le nombre de cubes de 1 cm qu'il faut pour remplir le cube de 1 $m^3$. Rappeler que 1 m = 100 cm. La couche du bas contient 100 × 100 cubes = 10 000 cubes de 1 cm d'arête.

Il faut 100 couches pour le remplir entièrement, il faut donc : 100 × 10 000 = 1 000 000 de cubes de 1 cm d'arête. En déduire que 1 $m^3$ = 1 000 000 de $cm^3$.

▪ Les élèves calculent la relation entre le $dm^3$ et le $cm^3$ : 1 $dm^3$ = 1 000 $cm^3$. Puis entre le $cm^3$ et le $mm^3$ : 1 $cm^3$ = 1 000 $mm^3$. Et pour leur grand étonnement entre le $m^3$ et le $mm^3$ :

1 $m^3$ = 1 000 000 000 $mm^3$.

▪ Faire remarquer que l'unité de volume est 1 000 fois plus grande que l'unité qui la précède et 1 000 fois plus petite que celle qui la suit.

#### Activité 3 : Le tableau de conversion

▪ Construire le tableau avec les unités de volume : $mm^3$, $cm^3$, $dm^3$ et $m^3$. Pour chaque unité on réserve 3 colonnes car chaque unité de volume est mille fois plus grande que l'unité précédente. On n'écrit qu'un seul chiffre par colonne.

▪ Se servir du tableau :

– pour convertir : 1 $m^3$ en $dm^3$, 1 $dm^3$ en $cm^3$ et 1 $cm^3$ en $mm^3$.

– convertir ensuite : 20 $m^3$ en $dm^3$ ; 32 $dm^3$ en $cm^3$ ; 45 $cm^3$ en $mm^3$ ; 258 $mm^3$ en $cm^3$ ; 500 $cm^3$ en $dm^3$ ; 56 $dm^3$ en $m^3$.

**Activité 4 : Volume et capacité**

Une bouteille d'un litre contient 1 dm³ d'eau
1 L = 1 dm³ donc 1 m³ = 1 000 dm³ = 1 000 L.

- Construire le tableau en y incorporant une ligne pour les capacités : kL, hL, daL, L, dL, cL, mL.
- Faire fonctionner le tableau en convertissant des volumes en capacités : 10 m³ en L ; 230 dm³ en L ; 1 500 cm³ en L ; 40 L en cm³ ; 2 500 L en m³.

**Activité 5 : Exercices 1, 2, 3 et 4 du fichier**

**1** et **2** Les élèves reconnaissent dans cet exercice les activités collectives 1 et 2. Ils complètent individuellement les calculs.

**3** et **4** Les élèves reconnaissent dans cet exercice les activités collectives 3 et 4. Le tableau de l'exercice 3 insiste sur les conversions des unités de volume voisines. Celui de l'exercice 4 introduit les correspondances entre les unités de volume et de capacité. Une fois les cases vertes des capacités complétées, les élèves convertissent :
150 dm³ = 150 L ; 1 000 cm³ = 1 L ; 20 L = 20 000 cm³ ;
1 500 L = 1,5 m³ ; 80 cL= 800 cm³.

## Séance 2

### Activités individuelles de mathématisation

**Exercices 5, 6 et 7**

**5** Cet exercice propose de convertir des mesures de volume.
1 m³ = 1 000 000 cm³ ; 352 cm³ = 0,352 dm³
1,4 cm³ = 1 400 mm³ ; 150 mm³ = 0,150 cm³
0,2 m³ = 200 dm³ ; 2 500 dm³ = 2,500 m³

**6** Cet exercice de comparaison demande de convertir chaque paire de mesures dans la même unité avant de les comparer.
1 m³ = 1 000 dm³ ; 5 cm³ = 5 000 mm³
6 dm³ = 6 000 cm³ ; 1 m³ = 1 000 dm³
1 m³ / 500 dm³ 5 cm³ / 1 000 mm³
6 dm³ / 8 000 cm³ 100 dm³ / 1 m³

**7** Il faut choisir une même unité de conversion.
On choisit une unité médiane pour faciliter les calculs : le cm³.
0,05 m³ = 50 000 cm³ ; 42 dm³ = 42 000 cm³
8 000 cm³ : inchangé ; 25 000 mm³ = 25 cm³
25 000 mm³ (25 cm³) < 8 000 cm³ < 42 dm³ (42 000 cm³) < 0,05 m³ (50 000 cm³)

## Séance 3

**Exercices 8, 9, 10 et 11**

Ces exercices traitent des conversions entre les volumes et les capacités.

**8** Convertir des cm³ en L.
50 cm³ = 0,05 L ; 125 cm³ = 0,125 L ;
500 cm³ = 0,5 L ; 1 200 cm³ = 1,2 L.

**9** Convertir des capacités en cm³.
25 cL = 0,25 L = 250 cm³ ; 50 cL = 0,50 L = 500 cm³ ;
150 cL = 1,50 L = 1 500 cm³

**10** 2 m³ = 2 000 L ; 2 000 L ÷ 50 L = 40.
*Le jardinier devra faire 40 voyages.*

**11** 0,24 m³ = 240 L ; 240 L ÷ 12 L = 20.
*Lydia doit vider 20 arrosoirs.*

## Séance 4

### Évaluation formative

**Exercices 12, 13 et 14**

**12** Convertir des mesures de volume.
0,15 dm³ = **150** cm³ 4 500 mm³ = **45** cm³
2 450 cm³ = **2,450** dm³ 254 cm³ = **254 000** mm³
3,5 m³ = **3 500 000** cm³ 305 dm³ = **0,305** m³

**13** Pour réussir cet exercice de comparaison, il faut préalablement convertir chaque unité de capacité en dm³.

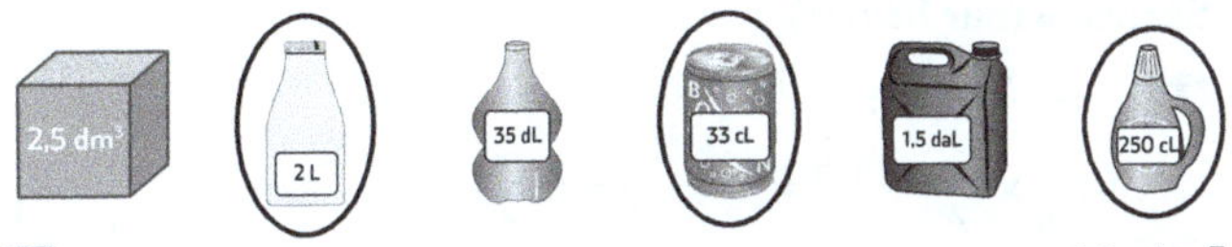


**14** Pour connaître les mesures comprises entre 10 dm³ et 100 dm³, il faut les convertir en dm³.
Deux mesures conviennent :
0,015 m³ = 15 dm³ et 20 000 cm³ = 20 dm³
Les autres sont à l'extérieur des bornes :
1 000 000 mm³ = 1 dm³ ; 0,85 m³ = 850 dm³ ;
150 000 cm³ = 150 dm³.
0,015 m³ 1 000 000 mm³ 20 000 cm³ 0,85 m³ 150 000 cm³

## Séance 5

### Consolidation

**Remédiation : Exercice 15**

Cet exercice propose de convertir des volumes en capacités et vice-versa en s'appuyant sur un tableau de conversion. Il faut d'abord écrire 25 dm³ et 1 180 L dans le tableau avant de convertir le volume en cL et la capacité en dm³.
**25 dm³ = 2 500 cL ; 1 180 L = 1 180 dm³**

**Approfondissement : Exercice 16**

Pour résoudre ce problème, il faut savoir que 1,5 m³ = 1 500 L.
*Le producteur pourra remplir 1 000 bouteilles de 1,5 L avec chaque cuve.*

# 12 La proportionnalité : le capital et le taux d'intérêt

Fichier pp. 36-37

| | |
|---|---|
| **Programme** | **Nombres et calcul.** La proportionnalité : le capital et le taux d'intérêt. |
| **Objectifs de l'apprentissage** | - Reconnaître et calculer le capital, le taux de l'intérêt et l'intérêt.<br>- Savoir les utiliser dans des situations de proportionnalité. |
| **Remarques préalables** | Les notions de capital, d'intérêts et de taux d'intérêt ne font pas partie de l'environnement familier des élèves de sixième année, ce qui ne signifie pas qu'ils ne doivent pas les découvrir. Ce manque de familiarité rend ces notions très abstraites aux yeux des élèves, il demande donc de l'indulgence de la part des enseignants.<br>**Difficultés de la leçon**<br>- Calculer un rapport sous forme de pourcentage.<br>- Appliquer le raisonnement proportionnel à des situations non familières.<br>**Aide**<br>- Faire jouer certaines situations aux élèves en personnalisant les rôles de banquier, d'emprunteur ou de déposant, en utilisant de la monnaie factice.<br>- Travailler avec des nombres faciles à appréhender par les élèves. |

**Calcul mental : Multiplier une fraction par une fraction.**

**Séances 1 à 3 (sur ardoise)**

**Séance 1** : *Multiplier une fraction par une fraction.*
*Écrire :* $\frac{2}{7} \times \frac{3}{5} = ...$ *; l'élève écrit* $\frac{6}{35}$.

**Séance 2** : *Multiplier une fraction par une fraction.*
*Écrire :* $\frac{3}{5} \times \frac{8}{3} = ...$ *; l'élève écrit* $\frac{24}{15} + \frac{8}{5}$.

**Séance 3** : *Multiplier une fraction décimale par une fraction décimale.*
*Écrire :* $\frac{29}{10} \times \frac{2}{10} = ...$ *; l'élève écrit* $\frac{58}{100}$.

**Séance 4 (sur fichier)**
→ *Écrire :* $\frac{2}{3} \times \frac{5}{7} = ...$ *; L'élève écrit* $\frac{10}{21}$.
*Items :* $\frac{2}{3} \times \frac{5}{7} = ...$ ; $\frac{5}{2} \times \frac{3}{7} = ...$ ; $\frac{3}{5} \times \frac{2}{3} = ...$ ;
$\frac{2}{10} \times \frac{7}{10} = ...$ ; $\frac{1}{10} \times \frac{5}{10} = ...$

**Séance 5 :** *Consolidation des séances précédentes.*

## Séance 1

### Activités collectives de construction du concept

**Organisation :** Classe entière
**Matériel :** Monnaie factice photocopiable en fin de guide, enveloppes.

#### Activité 1 : Simulation d'une visite à la banque pour déposer de l'argent

▪ Un élève A joue le rôle du banquier qui accueille un élève B qui joue le rôle d'un client. S'ensuit un dialogue entre eux :
- B : « Bonjour, je viens déposer 1 000 Dh sur mon compte épargne au taux de 3 % par an. »
L'élève B remet une enveloppe à l'élève A contenant 10 billets de 100 Dh et sur laquelle est écrit « 1 000 Dh ».
L'élève A prend l'enveloppe :
- A : « J'enregistre votre dépôt. »
Annoncer qu'une année se passe, le même client vient retirer l'argent qu'il a déposé un an plus tôt.
- B : « Je viens retirer l'argent que j'ai placé sur mon compte épargne. »
Le banquier lui répond : « Je calcule vos intérêts au taux de 3 % par an. Ce qui signifie que pour 100 Dh déposé, vous avez gagné 3 Dh. »
Sortir les billets de 100 Dh un à un, les afficher au tableau et écrire « + 3 Dh » à côté de chaque billet. Le banquier compte 3 Dh × 10 = 30 Dh.
« Je vous rends votre **capital** de 1 000 Dh, et je rajoute 30 Dh **d'intérêts**. Je vous remets donc 1 030 Dh. »
A remet une enveloppe à B sur laquelle est écrit 1 030 Dh, qui contient 1 030 Dh en monnaie.
- B : « Merci. À bientôt ».
▪ Commenter cette scène en expliquant que le client a prêté son argent au banquier durant un an, un an plus tard le banquier lui rend son argent augmenté d'un « loyer » qui correspond aux intérêts.
Revenir sur le calcul de 3 % de 1 000 Dh.
Préciser la notion de capital, d'intérêts et de taux d'intérêt.

#### Activité 2 : Emprunter avec un taux d'intérêt

Reprendre le même type de situation en mettant en scène un client qui vient emprunter de l'argent à la banque.

#### Activité 3 : Exercices 1, 2 et 3 du fichier

**1** Saïd dépose 2 000 Dh à la banque ; au bout d'un an il possède 2 080 Dh. Les activités 1 et 2 auront permis aux élèves de s'approprier le vocabulaire utile à la compréhension des questions. Faire lire la bulle de l'écureuil. Les élèves précisent le capital déposé (2 000 Dh), le capital au bout d'un an (2080 Dh), les intérêts rapportés (80 Dh).
*Ce placement lui a rapporté 80 Dh.*

**2** Cet exercice est consacré à la définition et au calcul du taux d'intérêt. Les élèves doivent compléter le calcul du taux d'intérêt du placement précédent :

$$\frac{\textbf{80 Dh}}{\textbf{2 000 Dh}} = \frac{4}{100} = 4\,\%$$

**3** Ce troisième exercice est consacré au calcul des intérêts connaissant la valeur du capital et du taux d'intérêt, il s'appuie sur un tableau de proportionnalité. Pour compléter le tableau les élèves doivent utiliser le pourcentage de 4 % obtenu précédemment.
La bulle de Mathix permet de faire correspondre 4 au nombre 100, puis en remarquant que 500 = 5 × 100 de faire correspondre 5 × 4 = 20 à 500, et en remarquant que 5 000 = 10 × 500 de faire correspondre 10 × 20 = 200 à 5 000.
Ce raisonnement (utilisation de la linéarité multiplicative) est plus simple que la multiplication par $\frac{4}{100}$ (coefficient de proportionnalité) qui donne les mêmes résultats. On réservera cette multiplication aux valeurs ne se prêtant pas au raisonnement précédent.

## Séance 2

### Activités individuelles de mathématisation

**Exercices 4 et 5**

**4** Les élèves doivent effectuer le calcul suivant :
la somme de 250 000 Dh placée au taux d'intérêts de 2 % rapporte :
(250 000 Dh × 2) ÷ 100 = 5 000 Dh
*Hamed disposera alors de 255 000 Dh.*

**5** Au bout d'un an Wassim a gagné 300 Dh.
Son capital a été placé au taux de :
$\frac{300 \text{ Dh}}{10\,000 \text{ Dh}} = \frac{3}{100} = 3\ \%$
Le frère de Wassim place 50 000 Dh au même taux, ses intérêts seront égaux à :
$50\,000 \text{ Dh} \times \frac{3}{100} = 1\,500 \text{ Dh}.$
On peut aussi considérer que le capital étant 5 fois plus important, placé au même taux, les intérêts seront 5 fois plus importants.
*Au bout d'un an il aura 51 500 Dh sur son compte.*

## Séance 3

**Exercices 6 et 7**

**6** Dans cet exercice les élèves doivent compléter un tableau de proportionnalité sans connaître l'opérateur. Ils peuvent le calculer facilement grâce au triplet de valeurs (100, 5, 105), ou bien utiliser le raisonnement de linéarité multiplicative comme dans l'exercice 3.

| Capital (Dh) | 100 | 200 | **500** | **800** | **1 000** |
|---|---|---|---|---|---|
| Intérêts (Dh) | 5 | **10** | 25 | 40 | **50** |
| Somme totale | 105 | **210** | **525** | **840** | 1 050 |

**7** Les élèves vont calculer la somme que rapporte un capital de 1 000 Dh au taux de 10 % placé durant 3 ans. Ils utilisent pour cela un tableau de proportionnalité avec report.

| Au bout de... | 1 an | 2 ans | 3 ans |
|---|---|---|---|
| Capital (Dh) | 1 000 | 1 100 | **1 210** |
| Intérêts (Dh) | 100 | **110** | **121** |
| Somme totale | 1 100 | **1 210** | **1 331** |

*Au bout de 3 ans Amira possédera 1 331 Dh.*

## Séance 4

### Évaluation formative

**Exercices 8 et 9**

**8** Montant des intérêts de 100 Dh placés durant un an : **5 Dh, le taux est donc de 5 %.** Si on place 5 000 Dh à ce taux durant un an les intérêts sont égaux à :
$\mathbf{5\,000 \text{ Dh} \times \frac{5}{100} = 250 \text{ Dh}}$. Le calcul peut aussi se faire par linéarité multiplicative car 5 000 Dh : 50 = 100 Dh.

**9** Les élèves doivent compléter un tableau de proportionnalité indiquant les intérêts et la somme totale de différents capitaux au taux d'intérêt de 3 %

| Capital (Dh) | 200 | 500 | 1 500 | 2 000 | 10 000 |
|---|---|---|---|---|---|
| Intérêts (Dh) | 6 | **15** | **45** | **60** | **300** |
| Somme totale | 206 | **515** | **1 545** | **2 060** | **10 300** |

## Séance 5

### Consolidation

**Remédiation : Exercice 10**
Les élèves doivent compléter deux tableaux indiquant les intérêts en fonction du capital. Le premier pour un opérateur de $\frac{9}{100}$, le second pour un opérateur de 6 %.

| Capital (Dh) | 100 | 200 | 1 000 | × $\frac{9}{100}$ |
|---|---|---|---|---|
| Intérêts (Dh) | **9** | **18** | **90** | |

| Capital (Dh) | 100 | 200 | 1 000 | × 6 % |
|---|---|---|---|---|
| Intérêts (Dh) | **6** | **12** | **60** | |

**Approfondissement : Exercice 11**
Exercice délicat qui peut se concevoir dans un tableau de proportionnalité dont la première colonne contiendrait les nombres 100 / 8,5 / 108,5 pour traduire un placement de 100 Dh au taux de 8,5 % et la seconde ... / ... / 5 425.
Le capital de départ s'obtient en divisant 5 425 par 1,085 ce qui donne 5 000 Dh. Cet exercice peut aussi être réussi en faisant des essais avec des valeurs dans l'ordre de grandeur de 5 425, la valeur 5 000 Dh apparaît comme un candidat vraisemblable. La vérification confirme sa validité.

# B3 Bilan de l'unité 3

Fichier pp. 38-39

## Évaluation sommative

| Énoncés | Réponses et commentaires |
|---|---|
| **1** **Pose** et **calcule**. | **76,5 + 15,9 = 92,4** **67,25 – 28,46 = 38,79** **5,83 × 3,7 = 21,571**<br>Dans le calcul du produit seul le placement de la virgule est une difficulté nouvelle car le calcul en lui-même se déroule comme le produit de deux entiers.<br>**Remédiation :** Revenir sur l'apprentissage des tables, le placement des virgules et le fonctionnement des retenues. |
| **2** **Trace** les bissectrices des angles ci-dessous. | L'élève utilise successivement les deux techniques qu'il a apprises.<br>**Remédiation :** Reprendre les techniques utilisées dans la leçon point par point.<br>Signaler que la bissectrice d'un angle est aussi un axe de symétrie du secteur angulaire et qu'elle peut donc être obtenue par pliage en faisant un pli qui passe par le sommet de l'angle et qui rabat un côté sur l'autre. |
| **3** À partir de l'angle ci-contre, **trace** le deuxième côté d'un angle complémentaire en bleu et d'un angle supplémentaire en rouge. | Pour tracer le complément de l'angle donné il suffit de former un angle droit avec l'un des côtés de l'angle de départ.<br>Pour obtenir son supplément il suffit de former un angle plat en prolongeant l'autre côté de l'angle de départ.<br>Mesure de l'angle complémentaire : 90° – 35° = 55°<br>Mesure de l'angle supplémentaire : 180° – 35° = 145°<br>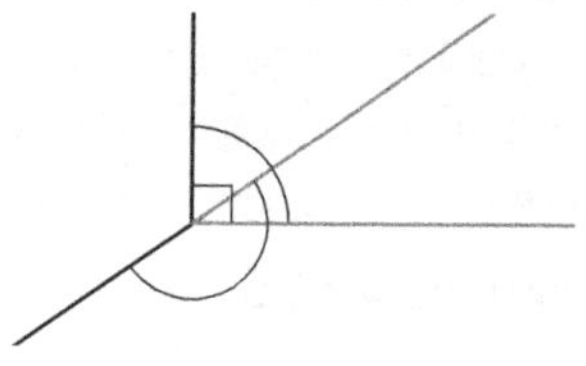<br>**Remédiation :** La somme de deux angles revient à les juxtaposer par un de leurs côtés sans les superposer avec leur sommet en commun. On « voit » sur la figure que la somme des deux angles complémentaires est égale à un angle droit et que la somme de deux angles supplémentaires est égale à un angle plat. |
| **4** **Convertis** ces mesures de volume. | 25 $m^3$ = 25 000 $dm^3$ 250 cL = 2,5 L 30 $dm^3$ = 30 L<br>3 $m^3$ = 3 000 000 $cm^3$ 50 cL = 500 mL 4 $m^3$ = 4 000 L<br>2 000 $dm^3$ = 2 $m^3$ 33 dL = 3,3 L 2 600 $cm^3$ = 2,6 L<br>**Remédiation :** S'assurer de la connaissance des relations de base entre unités de volume (de mille en mille), entre unités de capacité (de dix en dix), et du passage des unes aux autres grâce à la relation : 1 $dm^3$ = 1 L. |
| **5** **Calcule** le montant des intérêts qu'elle aura gagnés au bout d'un an.<br>**De quelle somme disposera-t-elle alors ?** | Calcul des intérêts :<br>3 % de 320 000 Dh = $\frac{3}{100}$ × 320 000 Dh = 0,03 × 320 000 Dh = 9 600 Dh<br>Somme disponible au bout d'un an :<br>320 000 Dh + 9 600 Dh = 329 600 Dh<br>**Remédiation :** S'assurer que les élèves distinguent le taux d'intérêt de la valeur des intérêts, et qu'ils les séparent de la notion de capital.<br>Revenir sur les calculs de pourcentage qui peuvent aussi être une source de difficulté. |

## Consolidation

| Énoncés | Réponses et commentaires |
|---|---|
| **1** **Pose** et **calcule**. | 65,38 + 24,7 = 90,08 34,78 + 56 = 90,78 84,46 – 23,79 = 60,67<br>Les virgules sont déjà positionnées pour faciliter la pose. |
| **2** **Calcule** 3 175 × 45, puis déduis-en les produits des nombres décimaux. | **3 175 × 45 = 142 875** d'où on déduit que :<br>3,175 × 45 = 142,875 ; 3,175 × 4,5 = 14,2875 ; 31,75 × 4,5 = 142,875 ;<br>317,5 × 45 = 14 287,5.<br>Les produits de décimaux permettent de contrôler la gestion de la virgule. |
| **3** **Quelle est la mesure des angles $\widehat{BAX}$ et $\widehat{CAX}$ ?** | $\widehat{BAC} = \widehat{BAX} + \widehat{CAX}$ = 40°<br>$\widehat{BAX}$ mesure 20°.<br>$\widehat{CAX}$ mesure 20°. |

# S1 Évaluation semestrielle (1)

Fichier pp. 40-41

| Énoncés | Réponses et commentaires |
|---|---|
| **1** **Écris** ce nombre en chiffres | cent quatre milliards cent vingt millions cent trente-quatre : **104 120 000 134**<br>**Remédiation :** Faire prendre conscience que toutes les tranches de nombres doivent être représentées par un espace : milliards, millions, mille, unités. Si l'une d'elle ne s'entend pas c'est qu'elle est égale à une tranche de 3 zéros. L'utilisation d'un tableau de numération confirme ce principe. |
| **2** **Décompose** sur le modèle ci-dessous. | **40 007 008 050 = (4 × 10 000 000 000) + (7 × 1 000 000) + (8 × 1 000) + (5 × 10)**<br>**Remédiation :** La lecture orale du nombre peut être une aide suffisante car sa lecture fait entendre les nombres « milliards », « millions », « mille » qui peuvent être traduits par leur écriture en chiffres. Mais écrire le nombre dans un tableau de numération en traduisant la valeur de chaque colonne par son écriture en chiffres est une aide plus rigoureuse. |
| **3** **Pose** et **calcule**. | **8 185 246 + 9 684 + 648 200 = 8 843 130**<br>**535 670 – 520 792 = 14 878**<br>**15 306 × 472 = 7 224 432**<br>**Remédiation :** Travailler dans un tableau de numération pour l'addition et la soustraction, comme pour les sous-produits de la multiplication, aide à respecter les alignements et à gérer les retenues, mais cela ne remplace pas la connaissance des tables d'addition, de soustraction ou de multiplication ! |
| **4** **Écris** tous les multiples de 8 compris entre 70 et 100.<br>**Écris** tous les nombres divisibles à la fois par 3 et par 5 compris entre 40 et 80. | Multiples de 8 compris entre 70 et 100 : **72** ; **80** ; **88** ; **96**<br>Nombres divisibles par 3 et par 5 compris entre 40 et 80 : **45** ; **60** ; **75**<br>**Remédiation :** Associer le début de la liste des multiples de 8 aux résultats de la table de multiplication par 8 en remarquant qu'on passe d'un résultat au suivant en ajoutant 8.<br>La conjugaison des critères de divisibilité par 3 et par 5 débouche sur la divisibilité par 15 et donc sur les multiples de 15 qui s'obtiennent en comptant de 15 en 15. |
| **5** **Calcule**. | $\frac{2}{5} + 2{,}3 = \frac{2}{5} + \frac{23}{10} = \frac{4}{10} + \frac{23}{10} = \frac{27}{10}$ ; $\frac{3}{7} \times \frac{2}{3} = \frac{6}{21} = \frac{2}{7}$<br>$\frac{9}{8} - \frac{1}{4} = \frac{9}{8} - \frac{2}{8} = \frac{7}{8}$ ; $\frac{14}{10} \div \frac{3}{5} = \frac{14}{10} \times \frac{5}{3} = \frac{70}{30} = \frac{7}{3}$<br>**Remédiation :** Revenir sur les règles de calcul étudiées en leçon 8.<br>Voir mémo p. 76 du fichier. |
| **6** **Complète** les produits sans calculer. | **35,8 × 8,9 = 318,62**<br>**5,36 × 0,357 = 1,91352**<br>**0,753 × 20,8 = 15,6624**<br>**Remédiation :** Le positionnement des virgules dans le résultat des produits de nombres décimaux dépend de la longueur des parties décimales de chacun des deux facteurs. Rappeler la règle du décompte du nombre de chiffres après la virgule. |
| **7** **Pose** et **calcule**. | **5,68 + 14, 5 = 20,18**     **78 – 6,42 = 71,58**<br>**Remédiation** : Ces calculs s'apparentent aux calculs sur les nombres entiers à condition de respecter l'alignement des unités, ce que renforce l'utilisation d'un tableau de numération. Pour la soustraction, faire apparaître la partie décimale nulle de 78 (78 = 78,00) est une aide au calcul. |
| **8** Un capital de 5 000 Dh est placé au taux de 6 %.<br>**Quel est le montant des intérêts au bout d'un an ?** | Les intérêts sont égaux à 6 % de 5 000 Dh, pour les calculer on effectue :<br>$\mathbf{5\,000 \times \frac{6}{100} = 300}$    **Les intérêts au bout d'un an seront égaux à 300 Dh.**<br>**Remédiation :** Revoir la définition des intérêts que rapporte un capital placé à un taux d'intérêt de 6 % durant un an. Revenir sur le calcul d'un pourcentage soit par multiplication par la fraction décimale $\frac{6}{100}$, soit par multiplication par le nombre décimal 0,06, soit par un raisonnement proportionnel en traduisant le pourcentage de 6 % par un intérêt de 6 pour un capital de 100. |

# S1 Évaluation semestrielle (1)

Fichier pp. 40-41

| Énoncés | Réponses et commentaires |
|---|---|
| **9** **Trace** une perpendiculaire à la droite bleue passant par le point A. **Trace** une parallèle à la droite bleue passant par le point A. | 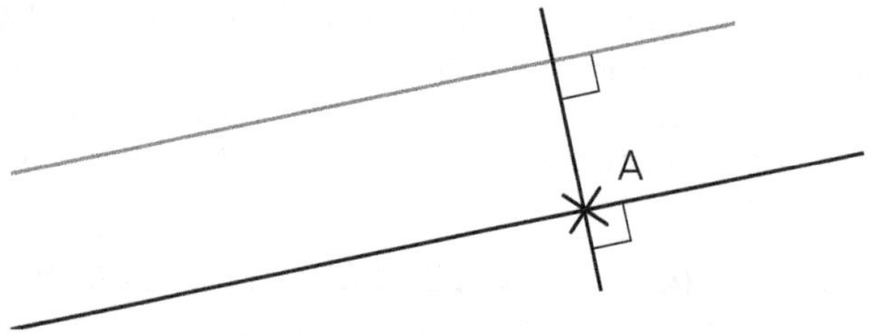<br>**Remédiation :** Rappeler la relation entre perpendiculaire et parallèle étudiée en leçon 2. |
| **10** **Trace** la bissectrice de l'angle ci-dessous. | L'élève a le choix entre deux techniques.<br>– Le tracé géométrique de la bissectrice s'obtient grâce au positionnement sur les côtés de l'angle de deux points A et B équidistants du sommet (compas), puis au tracé de deux cercles de même rayon, de centres respectifs A et B (compas). Leur point d'intersection qui est intérieur à l'angle permet de tracer la bissectrice qui passe par ce point et par le sommet de l'angle.<br>– Le tracé par mesurage utilise le rapporteur. En divisant la mesure de l'angle par 2, on obtient l'angle que forme la bissectrice avec l'un des côtés de l'angle. Il reste à tracer la bissectrice en repérant son passage sur l'arc du rapporteur.<br>**Remédiation :** Rappeler chaque étape de ces deux techniques. |
| **11** **Construis** le triangle ABC tel que :<br>AB = 8 cm ;<br>AC = 6 cm ; BC = 5 cm.<br>**Trace** la hauteur de ce triangle issue du sommet C.<br>Elle coupe [AB] en H.<br>**Place** ce point.<br>**Trace** la parallèle à (AB) passant par C. | La donnée du segment [AB] permet de positionner le point C comme l'une des intersections du cercle de centre A de 6 cm de rayon avec le cercle de centre B de 5 cm de rayon.<br>La hauteur du triangle ABC issue du sommet C est la perpendiculaire à (AB) passant par C, elle coupe [AB] en H. Le recours à l'équerre et à la règle permet de positionner H.<br>La parallèle à (AB) passant par C est aussi la perpendiculaire à (CH) passant par C. l'équerre et la règle permettent de la tracer en prenant appui sur (CH).<br>**Remédiation :** Le lexique géométrique est extrêmement important pour pouvoir déchiffrer et comprendre un énoncé, et notamment en ce qui concerne les exercices de construction.<br>Un usage fréquent des outils de tracé est nécessaire pour obtenir des constructions rigoureuses et précises. |
| **12** **Complète** les égalités ci-dessous. | Cet exercice mêle les relations de base des conversions de longueur, d'aires et de volume.<br>1 hm = 100 m ; 0,45 km = 450 m ; 1 ha = 10 000 $m^3$ ; 1 $dm^3$ = 1 000 $cm^3$ ;<br>1,5 $m^3$ = 1 500 $dm^3$ = 1 500 L<br>**Remédiation :** Systématiser l'utilisation des tableaux de conversion. |
| **13** **Calcule** le périmètre et l'aire de ce losange formé de l'assemblage de 4 triangles rectangles identiques. | Le contour du losange est formé par les quatre hypoténuses des triangles.<br>**P = 4 × 10 cm = 40 cm**<br>L'aire du losange est la somme des aires des quatre triangles juxtaposés.<br>$\mathbf{A = 4 \times \frac{6\text{ cm} \times 8\text{cm}}{2} = 4 \times 24\text{ cm}^2 = 96\text{ cm}^2}$<br>**Remédiation :** Rappeler qu'un triangle rectangle est un « demi rectangle », et que dans un triangle rectangle, deux des hauteurs sont confondues avec les deux petits côtés, ce qui permet d'en calculer facilement l'aire.<br>Utiliser la formule du calcul de l'aire du losange : $A = \frac{d_1 \times d_2}{2}$.<br>Ce qui donne : $\frac{16\text{ cm} \times 12\text{ cm}}{2} = 96\text{ cm}^2$. |

# 13 La proportionnalité : la masse volumique et l'échelle des plans et des cartes

Fichier pp. 42-43

| | |
|---|---|
| **Programme** | **Nombres et calcul.** La proportionnalité : la masse volumique et l'échelle des plans et des cartes. |
| **Objectifs de l'apprentissage** | - Reconnaître et calculer la masse volumique d'un corps liquide ou solide et l'utiliser dans des situations de proportionnalité.<br>- Effectuer des calculs en utilisant les échelles des plans et des cartes. |
| **Remarques préalables** | La masse volumique est un concept complexe qui permet de répondre à des questions comme : « Quel est le plus lourd, le sable ou le gravier ? » en faisant intervenir simultanément les notions de masse et de volume, au travers de la masse d'une unité de volume. La comparaison des masses n'ayant de sens que pour des volumes identiques.<br>La notion d'échelle est le coefficient de réduction appliqué à un objet réel pour le transformer en un objet plus petit qui conserve la forme et les proportions de l'objet réel.<br>**Difficultés de la leçon**<br>- Comprendre que le rapport entre la masse et le volume d'un corps homogène est une caractéristique de ce corps qui ne dépend pas des valeurs choisies pour la masse et le volume.<br>- Comprendre que pour qu'une échelle soit significative les mesures dans la réalité et sur sa réduction (maquette, plan, carte) doivent être exprimées dans la même unité.<br>**Aide**<br>- Expérimenter la permanence du rapport masse/volume pour un corps homogène.<br>- Prendre conscience des possibilités de prévision sur la réalité que permet une échelle, à partir d'un plan ou d'une carte. |

**Calcul mental : Diviser une fraction par un entier.**

**Séances 1 à 3 (sur ardoise)**

**Séance 1 :** *Diviser une fraction par un entier.*
*Écrire :* $\frac{3}{5} \div 2 = ...$ *; l'élève écrit* $\frac{3}{10}$.

**Séance 2 :** *Diviser une fraction par un entier.*
*Écrire :* $\frac{8}{3} \div 8 = ...$ *; l'élève écrit* $\frac{1}{3}$.

**Séance 3 :** *Diviser une fraction par un entier.*
*Écrire :* $\frac{29}{10} \div 2 = ...$ *; l'élève écrit* $\frac{29}{20}$.

**Séance 4 (sur fichier)**
➜ *Écrire :* $\frac{5}{7} \div 2 = ...$ *; l'élève écrit* $\frac{5}{14}$
***Items :*** $\frac{5}{7} \div 2 = ...$ ; $\frac{3}{7} \div 3 = ...$ ; $\frac{2}{3} \div 3 = ...$ ; $\frac{7}{10} \div 5 = ...$ ; $\frac{5}{100} \div 10 = ...$

**Séance 5 :** *Consolidation des séances précédentes.*

## Séance 1

### Activités collectives de construction du concept

**Organisation :** Groupes de 4 élèves.
**Matériel :** Pour l'enseignant un verre doseur gradué en mL, une balance précise au gramme près, une bouteille de lait. Pour chaque groupe un petit récipient vide (pot de yaourt) dont la masse en gramme est écrite au tableau.

#### Activité 1 : Mesurer la masse et le volume d'une quantité de lait

▪ Verser dans le récipient de chaque groupe une quantité de lait en veillant à varier cette quantité de lait d'un groupe à l'autre.

▪ À tour de rôle, chaque groupe vient au bureau de l'enseignant(e) mesurer son volume de lait en mL grâce au verre doseur, ainsi que sa masse de lait en grammes grâce à la balance (le calcul de la masse de lait nécessite de retirer la masse du pot vide au résultat de la pesée). Noter dans un tableau à deux lignes la masse et le volume de lait de chaque groupe.

▪ De retour à sa table de travail, chaque groupe calcule le quotient de la masse en grammes par le volume en mL.

▪ La mise en commun des différents résultats obtenus fait apparaître une grande proximité entre les valeurs de ce quotient, obtenues par chaque groupe. Déclarer que ce nombre s'appelle la masse volumique du lait en g/mL et faire remarquer que sa valeur ne dépend pas des masses et des volumes choisis. Les écarts de valeur constatés entre les différents groupes étant dus aux approximations des mesures.
On en déduit que le tableau de relevés des mesures est un tableau de proportionnalité.
Ce qui permet d'écrire :
Masse du lait = *masse volumique* × volume du lait

#### Activité 2 : Exercices 1, 2 et 3 du fichier

**1** Lire le début de la consigne et expliciter la signification des nombres du tableau. Demander comment répondre à la question : « La masse et le volume sont-ils proportionnels ? »
Deux réponses sont recevables : vérifier que pour chaque colonne le quotient entre la masse et le volume est identique, ou bien s'assurer que les valeurs de la masse en kg suivent les mêmes relations multiplicatives que celles du volume :
8 = 2 × 4 ; 12 = 3 × 4. Dans les deux cas la réponse est OUI.

Faire lire la bulle de Mathix et faire compléter la case orange du tableau. La valeur de la masse volumique du sable : **1 600 kg/m³**.

▪ Le calcul de la masse volumique du gravier peut être fait mentalement grâce à la division par 10. Masse volumique du gravier : 1 500 kg/m³.
Les élèves complètent la comparaison :
**Masse volumique (sable) > Masse volumique (gravier)**
Préciser que cela peut être traduit par « Le sable est plus lourd que le gravier ».

**2** Le calcul des masses volumiques des trois liquides nécessite d'appliquer la formule précédente et d'être au clair avec les unités de volume et de contenance et leurs conversions.
Les élèves complètent :
1 L d'eau pèse 1 kg ➔ 1 mL d'eau pèse 1 g. Masse volumique de l'eau = **1 g/mL** ;
750 cm³ d'huile pèsent 675 g ➔ 750 mL pèsent 675 g. Masse volumique de l'huile = **0,9 g/mL** ;
50 cL de sirop pèsent 515 g ➔ 500 mL pèsent 515 g. Masse volumique du sirop = **1,03 g/mL.**
Donc **l'huile est plus légère que l'eau** et **le sirop est plus lourd que l'eau**.
Ces conclusions confirment les observations que chacun peut faire en versant ces liquides dans un même récipient.

**3** La première phrase à compléter est la traduction pratique de la notion même d'échelle :
1 cm sur la carte représente **1 000 000** cm dans la réalité (soit 10 000 m, soit 10 km).
9,3 cm représentent donc **9 300 000** cm dans la réalité.
Distance Casablanca-Rabat = **9 300 000** cm = **93** km.

## Séance 2

## Activités individuelles de mathématisation

### Exercice 4

On complète la deuxième colonne du tableau en divisant 1 800 par 3, ce qui permet de compléter les deux cases suivantes de la première ligne. On obtient dans l'ordre, sur la première ligne : 1 800 ; **600** ; **24 000** ; **30 000** ; 900 ; 4 500.
Les deux dernières valeurs de la deuxième ligne s'obtiennent en divisant 900 et 4 500 par 600 ou en multipliant par 5 la valeur de l'avant-dernière case. Sur la deuxième ligne on obtient dans l'ordre : 3 ; 1 ; 40 ; 50 ; **1,5** ; **7,5**.
C'est dans la deuxième colonne qu'on peut lire la masse volumique du sucre, elle est exprimée en grammes par litre (unités dans la colonne d'entête du tableau) : 600 g/L.

## Séance 3

### Exercices 5 et 6

**5** Sachant que 1 dm³ = 1L la masse volumique du teck = 0,977 kg/L ; la masse volumique de la pierre ponce = 0,910 kg/L ; la masse volumique de l'ébène = 1,15 kg/L.
Le teck et la pierre ponce flottent, car leur masse volumique est inférieure à celle de l'eau, donc ils sont « plus légers » que l'eau.

**6** Sur la carte de Yanis 1 cm représente **25 000 cm** = **250 m**. Comme 1 km = 1 000 m, la distance réelle de 1 km est représentée par **4 cm** sur la carte.
*Une randonnée de 8,5 km est donc représentée par 34 cm sur la carte.*

## Séance 4

## Évaluation formative

### Exercices 7, 8 et 9

**7** La deuxième colonne permet de remplir la première et la troisième, car elle définit à la fois la masse volumique et le coefficient de proportionnalité du tableau.

| | | | |
|---|---|---|---|
| **Masse en g** | **4 250** | 850 | 170 |
| **Volume en L** | 5 | 1 | **0,2** |

**8** Seules les deuxième et troisième réponses sont exactes : sur une carte à l'échelle 1/50 000, une longueur de 1 cm représente 50 000 cm soit 500 m, et 2 cm représentent 1 km.

**9** Sur une carte au 1/2 000 000, 1 cm représente **2 000 000 cm** = 20 000 m = **20 km**.
Sur la carte la distance entre Marrakech et Essaouira est égale à 16 800 000 cm ÷ 2 000 000 = 8,4 cm.
Entre Tanger et Fès on mesure 10,4 cm sur la carte. La distance réelle est donc égale à 10,4 × 20 km = 208 km.

## Séance 5

## Consolidation

### Remédiation : Exercice 10

$50\,000 \text{ cm} \times \frac{1}{10\,000} = \mathbf{5\ cm}$

$3{,}5 \text{ cm} \div \frac{1}{10\,000} = 3{,}5 \times 10\,000 = \mathbf{35\,000\ cm}$

### Approfondissement : Exercice 11

La comparaison des masses n'est possible qu'à volume identique : 8 × 125 cm³ = 1 000 cm³ ; 8 × 87,5 g = 700 g.
Le chêne est donc plus lourd que le cèdre. Cette comparaison est aussi possible en comparant les masses volumiques des deux bois.

# 14 Organisation et traitement des données (1)

Fichier pp. 44-45

| | |
|---|---|
| **Programme** | **Organisation et traitement des données.** Organisation et traitement des données (1). |
| **Objectifs de l'apprentissage** | Organiser et présenter des données dans un tableau, un graphique à colonnes, un graphique à bâtons, un graphique à lignes brisées ou un diagramme circulaire. |
| **Remarques préalables** | En 6e année, l'organisation et le traitement des données occupent une place importante dans les programmes. En effet, quatre leçons y sont consacrées.<br>Ces apprentissages progressifs depuis le début de l'école primaire ont permis aux élèves de découvrir et d'utiliser les tableaux de données et l'essentiel des graphiques usuels : graphiques cartésiens, graphiques en colonnes ou en bâtons, et diagrammes circulaires.<br>Si la lecture de données et leur traitement à partir de supports divers a été largement travaillée, en revanche l'organisation et la présentation sont plus compliquées à mettre en oeuvre car elles demandent des compétences avancées, notamment dans le domaine des nombres et du calcul (construction d'axes gradués, échelles, pourcentages), mais également en mesure et en géométrie.<br>Dans cette première leçon, nous nous concentrerons particulièrement sur les diagrammes circulaires qui n'ont été utilisés jusqu'ici que pour effectuer de la lecture de données. Il s'agira cette fois de les construire, ce qui mobilisera notamment des compétences de calcul de pourcentages, et de mesures d'angles.<br>**Difficultés de la leçon**<br>- Comprendre le fonctionnement d'un diagramme circulaire.<br>- Tracer des angles avec précision à l'aide du rapporteur.<br>**Aide**<br>Faire tracer des angles au degré près, sur papier uni, dans toutes les orientations, et juxtaposés (le côté de l'angle tracé sert de support à l'angle suivant). |

**Calcul mental : Diviser une fraction par une fraction.**

**Séances 1 à 3 (sur ardoise)**

**Séance 1 :** *Diviser une fraction par une fraction.*

*Écrire :* $\frac{2}{3} \div \frac{3}{5} = ...$ *; l'élève écrit* $\frac{10}{9}$.

**Séance 2 :** *Diviser une fraction par une fraction.*

*Écrire :* $\frac{3}{4} \div \frac{3}{7} = ...$ *; l'élève écrit* $\frac{21}{12}$ *ou* $\frac{7}{4}$.

**Séance 3 :** *Diviser une fraction par une fraction décimale.*

*Écrire :* $\frac{29}{10} \div \frac{2}{10} = ...$ *; l'élève écrit* $\frac{290}{20}$ *ou* $\frac{29}{2}$.

**Séance 4 (sur fichier)**

→ *Écrire :* $\frac{5}{7} \div \frac{3}{2} = ...$ *; l'élève écrit* $\frac{10}{21}$.

*Items :* $\frac{5}{7} \div \frac{3}{2} = ...$ ; $\frac{4}{7} \div \frac{1}{2} = ...$ ; $\frac{5}{3} \div \frac{10}{3} = ...$ ; $\frac{7}{10} \div \frac{3}{10} = ...$ ; $\frac{9}{10} \div \frac{3}{100} = ...$

**Séance 5 :** *Consolidation des séances précédentes.*

## Séance 1

### Activités collectives de construction du concept

#### Activité 1 : Comprendre et tracer un diagramme circulaire

**Organisation :** Classe entière.

**Matériel :** Feuilles blanches unies, règle graduée, rapporteur, crayon gris, gomme, crayons de couleur.

▪ Faire tracer sur une feuille blanche un cercle de 8 cm de rayon. Tracer un cercle au tableau.

▪ Dire : « Si on colorie la totalité de ce disque, on aura colorié 100 % du disque. »

La relation « totalité » → 100 % doit apparaître.

▪ Demander ensuite de tracer un rayon du cercle et faire de même au tableau.

Dessiner la figure ci-contre.

Poser la question « Combien mesure l'angle qui correspond à la totalité du disque, si on fait un tour complet en partant du rayon ? » Laisser les élèves mesurer avec leur rapporteur en expliquant qu'ils ont le droit de découper le disque en plusieurs morceaux en traçant des rayons supplémentaires.

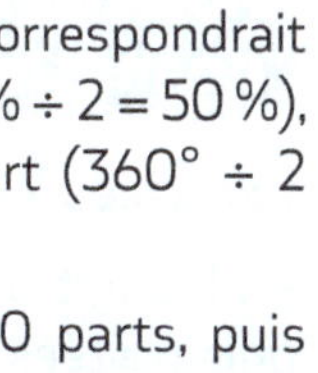

La relation « totalité » → 360° doit apparaître.

Elle est à rapprocher avec la précédente pour arriver à 100 % ⟷ 360°.

▪ Demander à quel pourcentage du disque correspondrait une part si on découpait le disque en 2 (100 % ÷ 2 = 50 %), puis combien mesurerait l'angle d'une part (360° ÷ 2 = 180°).

Répéter l'activité avec une découpe en 10 parts, puis en 4, en 5, en 8 et enfin en 6 parts.

▪ Faire tracer les 6 angles de 60° pour découper le disque en 6 parts égales.

#### Activité 2 : Application en situation courante

▪ Écrire l'énoncé suivant : « Un gâteau est composé de 40 % de farine, 10 % de beurre, 30 % d'œufs, et le reste de sucre. »

▪ Faire tracer sur une feuille blanche un cercle de 6 cm de rayon. Tracer un cercle au tableau.

- Demander de calculer à quel angle correspondrait sur le cercle un pourcentage de 40 %, puis faire tracer les 3 angles correspondant à la farine, au beurre et aux œufs.

Demander à un élève de faire pareil au tableau.

Faire remarquer que chaque angle dessiné s'appelle un « **secteur** », et que le dernier secteur correspond donc au sucre.

- Demander quel est le pourcentage de sucre dans le gâteau (calcul pour atteindre 100 %), et quel est l'angle du secteur correspondant au sucre.
- Faire colorier chaque secteur d'une couleur différente, puis expliquer que l'on va maintenant construire la « **légende** » qui servira à faire correspondre une couleur à sa « **catégorie** ».

Faire colorier un petit carré pour chaque couleur utilisée dans le diagramme, et faire écrire à côté le nom de la catégorie.

### Activité 3 : Exercice 1 du fichier

La première partie de cet exercice a pour objectif de faire présenter dans un tableau des données tirées d'un énoncé. La première ligne se remplit aisément.

La deuxième est plus complexe car il s'agit d'une relation de proportionnalité entre la distance d'une épreuve et la longueur totale du triathlon.

Dans la deuxième partie, on va représenter les données sous la forme d'un diagramme circulaire. La troisième ligne du tableau nécessite un calcul d'angle en fonction d'une proportion.

On pourra prendre la valeur approchée à l'unité près des angles, pour en faciliter les tracés (288°, 58°, 14°).

| Épreuve | Cyclisme | Course | Natation | Total |
|---|---|---|---|---|
| Distance | 40 km | **8** km | **2** km | **50** km |
| Proportion | 80 % | **16** % | **4** % | 100 % |
| Angle du secteur | **288°** | **57,6°** | **14,4°** | 360° |

Les couleurs de la légende font référence à celles de l'entête du tableau.

## Séance 2

## Activités individuelles de mathématisation

### Exercices 2 et 3

**2** Il s'agit d'organiser des données tirées d'un énoncé puis traitées par calcul, dans un tableau de valeurs. On demande ici de remplir également les entêtes de lignes et de colonnes.

Rappeler si nécessaire la notion de double.

| Année | 2015 | 2016 | 2017 | 2018 | 2019 | 2020 |
|---|---|---|---|---|---|---|
| Masse de tomates (kg) | 7 500 | 15 000 | 30 000 | 60 000 | 120 000 | 240 000 |

**3** Cet exercice fait correspondre les données d'un tableau avec leur représentation sous forme d'un graphique en bâtons. Ici ce sont les axes qui doivent être renseignés. La première valeur « **Égypte** / 100 » permettra de définir l'échelle de l'axe horizontal. Le reste en découlera.

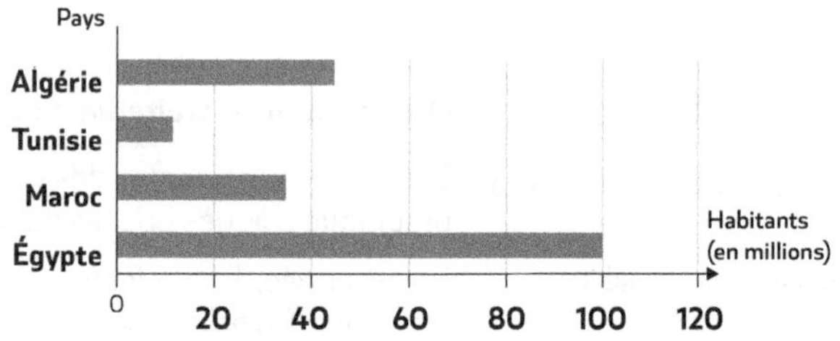


## Séance 3

### Exercice 4

Dans cet exercice complexe, un graphique en colonnes doit être transformé en diagramme circulaire, en passant par l'intermédiaire d'un tableau de valeurs.

| Fruits | Abricots | Figues | Dattes | Amandes | Noix | Total |
|---|---|---|---|---|---|---|
| Masse (kg) | 200 | **250** | **350** | **150** | **50** | **1 000** |
| Proportion (%) | 20 | **25** | **35** | **15** | **5** | 100 |
| Angle du secteur (°) | 72 | **90** | **126** | **54** | **18** | 360 |

## Séance 4

## Évaluation formative

### Exercice 5

On évalue uniquement les compétences liées à la présentation des données sous la forme d'un diagramme circulaire. C'est pourquoi les proportions sont déjà calculées. L'élève doit donc simplement les transformer en valeurs d'angles.

| Ingrédients | Jus d'ananas | Jus de fruit de la passion | Jus de citron | Sirop de grenadine | Total |
|---|---|---|---|---|---|
| Proportion (%) | 50 | 30 | 15 | 5 | 100 |
| Angle du secteur (°) | **180** | **108** | **54** | **18** | 360 |

## Séance 5

## Consolidation

### Remédiation : Exercice 6

Le tracé précis d'angles juxtaposés est essentiel pour obtenir des diagrammes circulaires acceptables. Un travail d'entraînement régulier sera nécessaire pour arriver à une maîtrise correcte des instruments de tracé.

### Approfondissement : Exercice 7

Il sera intéressant de faire tracer aux élèves des graphiques complets, incluant en particulier les axes qui sont généralement proposés dans les exercices et ne donnent pas lieu à un apprentissage spécifique.

Ce travail de réflexion autour des graduations peut poser problème car il nécessite une anticipation sur le graphique final (taille, valeurs maximales...).

# 15 Le volume du cube et du parallélépipède

Fichier pp. 46-47

| | |
|---|---|
| **Programme** | **La géométrie.** Le cube, le parallélépipède : volume. |
| **Objectifs de l'apprentissage** | - Déterminer le volume d'un cube et d'un parallélépipède en fonction d'unités arbitraires.<br>- Déduire la règle de calcul du volume d'un cube et d'un parallélépipède et le calculer. |
| **Remarques préalables** | Le volume d'un corps correspond à l'espace occupé par ce corps ou par la définition de ses limites. Il définit également la mesure de cet espace.<br>Dans un premier temps, la notion de volume sera introduite en utilisant une unité arbitraire, ainsi le volume sera associé à l'espace occupé par un nombre entier d'unités arbitraires.<br>Il sera intéressant de proposer des activités de manipulation basées sur l'assemblage de cubes par exemple, ou de plusieurs solides identiques.<br>La mesure interviendra dans un second temps, lorsque l'observation de solides réguliers (cube et parallélépipède) permettra de déduire les règles de calcul du volume de ces solides.<br>**Difficultés de la leçon**<br>- Réussir à comprendre que le calcul du volume d'un solide régulier passe par deux étapes : le calcul de l'aire de base puis le produit de l'aire de base par la hauteur.<br>- Savoir gérer les différentes unités de volume (voir leçon 11).<br>**Aide**<br>Expérimenter concrètement des situations de calcul de volume par dénombrement d'une unité arbitraire (voir activité 1). |

**Calcul mental : Additionner un décimal à un décimal.**

**Séances 1 à 3 (sur ardoise)**
**Séance 1 :** *Additionner un décimal à un décimal.*
*Écrire 3,2 + 1,5 = ... ; l'élève écrit 4,7.*
**Séance 2 :** *Additionner un décimal à un décimal.*
*Écrire 4,8 + 3,5 = ... ; l'élève écrit 8,3.*
**Séance 3 :** *Additionner un décimal à un décimal.*
*Écrire 2,5 + 1,39 = ... ; l'élève écrit 3,89.*

**Séance 4 (sur fichier)**
→ *Écrire 5,2 + 3,4 = ... ; l'élève écrit 8,6.*
***Items :*** *5,2 + 3,4 = ... ; 6,15 + 3,4 = ... ; 7,12 + 2,15 = ... ; 5,8 + 2,7 = ... ; 7,6 + 4,8 =...*

**Séance 5 :** *Consolidation des séances précédentes.*

## Séance 1

### Activités collectives de construction du concept

**Organisation :** Groupes de 2 élèves.
**Matériel :** Une boîte de sucre de 1 kg contenant du sucre en morceaux, des cubes de manipulation empilables.

#### Activité 1 : Construire des assemblages de volume identique

- Distribuer à chaque groupe 15 cubes empilables et demander de les assembler par 5 pour former 3 assemblages différents.
- Sur le bureau de l'enseignant(e) rassembler une collection d'assemblages tous différents, écarter les assemblages identiques.
- Demander quel assemblage occupe l'espace le plus grand. Les réponses iront certainement vers les solutions qui paraissent les plus « étendues » dans l'espace.

Demander alors de combien de cubes sont formés les assemblages et en faire déduire que chaque assemblage occupe le même espace que 5 cubes dissociés.
- Conclure que chaque assemblage occupe le même volume, celui de 5 cubes unité.

#### Activité 2 : Volume du parallélépipède exprimé avec des unités arbitraires

- Placer la boîte de sucres sur le bureau de l'enseignant. Ne laisser dans la boîte qu'une rangée de sucres en longueur, une autre en largeur et une colonne verticale de morceaux de sucre (*cf.* dessin de l'exercice 3 du fichier).

**Problème :** « Combien de morceaux contient cette boîte lorsqu'elle est pleine ? »
- Chaque groupe vient à tour de rôle, observer la disposition des sucres restants et note le nombre de sucres contenus dans chaque rangée et sur la colonne verticale.
- À partir de ces informations, les élèves tentent de résoudre le problème.
- Chaque groupe présente sa réponse et son raisonnement.

Une validation expérimentale est possible en replaçant dans la boîte les sucres qui en avaient été enlevés et en les dénombrant.

#### Activité 3 : Exercices 1, 2 et 3 du fichier

**1** Les élèves retrouvent la démarche de l'activité 2. Ils lisent et commentent la bulle de Rachid qui explique la formule du calcul du volume du parallélépipède $V_{\text{parallélépipède}} = L \times l \times h$. Ils complètent les égalités et effectuent les calculs du volume du parallélépipède : $(5 \times 3 \times 4)$ u = 60 u.

**2** Les élèves reconnaissent la démarche de l'activité précédente dans laquelle les trois dimensions sont égales. Ils s'appuient sur la lecture de la bulle de Fatima pour expliquer la formule du calcul du volume du cube : $V_{cube} = a \times a \times a = (3 \times 3 \times 3)$ u = 27 u.

**3** Il est important de montrer aux élèves que les unités de volume font partie du système métrique et que ceux-ci comprennent les relations qui lient les unités de volume aux unités de longueur, c'est ce que proposent les deux calculs de l'exercice. Les élèves les complètent et les calculent. Dans le premier, les dimensions du parallélépipède sont en cm et son volume est exprimé en $cm^3$ : 6 cm × 5 cm × 4 cm = 120 $cm^3$.
Dans le second, les dimensions du cube sont en m et son volume est exprimé en $m^3$ :
4 m × 4 m × 4 m = 64 $m^3$.

## Séance 2

### Activités de mathématisation

**Exercices 4 et 5**
Les deux exercices s'appuient sur l'illustration.

**4** Pour calculer le volume du cube, il faut multiplier le nombre de cubes « u » d'une couche par le nombre de couches : (4 × 4 × 4) u = 64 u.

**5** Pour calculer le volume du parallélépipède, il faut calculer le nombre de cubes « u » d'une couche, puis le multiplier par le nombre de couches :
(5 × 4 × 3) u = 60 u.

## Séance 3

**Exercices 6, 7, 8 et 9**

**6** Calcul du volume d'un cube d'arête 10 cm. Il suffit d'appliquer la formule : V = a × a × a :
10 cm × 10 cm × 10 cm = 1 000 $cm^3$.
*Le volume du cube est égal à 1 000 $cm^3$.*

**7** Calcul du volume d'un parallélépipède dont les dimensions sont données. Il suffit d'appliquer la formule : V = L × l × h :
10 cm × 6 cm × 8 cm = 480 $cm^3$.
*Le volume du parallélépipède est égal à 480 $cm^3$.*

**8** Pour répondre à la première question, les élèves doivent effectuer deux opérations : calcul du volume de la citerne cubique, puis calcul du tiers de ce volume.
Volume de la citerne :
1,20 m × 1,20 m × 1,20 m = 1,728 $m^3$.
Le tiers du volume : 1,728 $m^3$ ÷ 3 = **0,576 $m^3$**.
Leur montrer qu'il y a une solution experte : calculer le tiers de la mesure de l'arête (1,20 m ÷ 3 = 0,4 m) puis calculer le volume d'eau (1,20 × 1,20 × 0,4 = 0,576 $m^3$).
Pour répondre à la deuxième question, il faut soustraire 60 L (5 × 12 L) à 0,576 $m^3$. Il est donc nécessaire de convertir 0,576 $m^3$ en litres.
0,576 $m^3$ = 576 $dm^3$ = 576 L.
*Dans la cuve, il restera 576 L – 60 L = 516 L.*

**9** Il faut utiliser la formule V = L × l × h ; 150 $m^3$ = 10 m × 5 m × h pour en déduire que h = 3 m.

## Séance 4

### Évaluation formative

**Exercices 10 et 11**

**10** Pour exprimer le volume en $cm^3$, il faut que les mesures de longueur des côtés soient exprimées avec la même unité de longueur. La largeur de l'aquarium est égale à 4 dm = 40 cm.
Volume de l'aquarium : L × l × h
100 cm × 40 cm × 50 cm = 200 000 $cm^3$.
*Le volume de l'aquarium est égal à 200 000 $cm^3$.*

**11** Cet exercice évalue les calculs des deux volumes de la leçon. Il faut cependant analyser l'illustration pour déduire les dimensions nécessaires au calcul du parallélépipède : **12 cm, 5 cm** et **5 cm**.
Volume du parallélépipède : L × l × h
12 cm × 5 cm × 5 cm = **300 $cm^3$**.
Volume du cube : a × a × a
5 cm × 5 cm × 5 cm = **125 $cm^3$**.
**Volume du solide : 300 $cm^3$ + 125 $cm^3$ = 425 $cm^3$**

## Séance 5

### Consolidation

**Remédiation : Exercice 12**
Le volume du petit cube de 1 cm d'arête mesure 1 $cm^3$.
Le grand cube est constitué de petits cubes de 1 $cm^3$. Le $cm^3$ sera donc l'unité de volume du grand cube.
Volume du cube : a × a × a
4 cm × 4 cm × 4 cm = 64 $cm^3$
Le volume du grand cube est égal à 64 $cm^3$.

**Approfondissement : Exercice 13**
Il faut d'abord calculer la mesure de l'arête d'un petit cube. L'arête du petit cube mesure 6 dm ÷ 3 = 2 dm ; la longueur du parallélépipède mesure 4 × 2 dm = 8 dm ; sa hauteur mesure 2 × 2 dm = 4 dm.
Son volume mesure : L × l × h
8 dm × 6 dm × 4 dm = 192 $dm^3$.
**Le volume du parallélépipède est égal à 192 $dm^3$.**

# 16 Les nombres entiers naturels : la division euclidienne

Fichier pp. 48-49

| | |
|---|---|
| **Programme** | **Nombres et calcul.** Les nombres entiers naturels : la division euclidienne (le diviseur de 2 ou 3 chiffres). |
| **Objectifs de l'apprentissage** | - Reconnaître une situation de division euclidienne et l'égalité qui la caractérise.<br>- Utiliser la technique usuelle de la division euclidienne pour calculer le quotient entier ou décimal de deux nombres entiers naturels. |
| **Remarques préalables** | La technique opératoire de la division posée demande du temps avant d'être totalement maîtrisée. C'est la raison pour laquelle cet apprentissage commence dès la cinquième année et se poursuit jusqu'à la sixième année avec des diviseurs entiers de deux ou trois chiffres.<br>Le calcul d'un quotient entier reprend strictement la technique utilisée avec un diviseur d'un seul chiffre. En revanche le calcul d'un quotient décimal, qu'il soit exact ou pas, requiert une bonne connaissance des règles de numération des nombres décimaux afin de gérer correctement les virgules.<br>L'élève doit comprendre que lorsqu'il « passe » la virgule au niveau du dividende, il travaille alors avec des dixièmes, des centièmes, ...<br>**Difficultés de la leçon**<br>- La gestion de la virgule.<br>- Les multiples du diviseur ne sont plus dans les tables et deviennent difficiles à trouver.<br>**Aide**<br>La connaissance des tables de multiplication est essentielle. Proposer les tables sur la couverture du fichier. |

**Calcul mental : Soustraire un décimal à un décimal.**

**Séances 1 à 3 (sur ardoise)**
**Séance 1 :** *Soustraire un décimal à un décimal.*
*Écrire : 4,5 – 1, 3 = ... ; l'élève écrit 3,2.*
**Séance 2 :** *Soustraire un décimal à un décimal.*
*Écrire : 3,5 – 0,9 = ... ; l'élève écrit 2,6.*
**Séance 3 :** *Soustraire un décimal à un décimal.*
*Écrire : 4,65 – 1,4 = ... ; l'élève écrit 3,25.*

**Séance 4 (sur fichier)**
→ *Écrire : 5,7 – 3, 2 = ... ; l'élève écrit 2,5.*
***Items :*** *5,7 – 3,2 = ... ; 6,85 – 3,45 = ... ; 7,82 – 2,5 = ... ; 5,92 – 2,3 = ... ; 7,68 – 4,2 = ....*

**Séance 5 :** *Consolidation des séances précédentes.*

## Séance 1

### Activités collectives de construction du concept

#### Activité 1 : Calculer un quotient entier

**Organisation :** Classe entière.
**Matériel :** Cahier d'exercices, crayon gris, gomme, règle.

▪ Écrire au tableau l'énoncé suivant : « Un artisan chocolatier emballe ses chocolats dans des boîtes de 15. Il a fabriqué 2 264 chocolats. Combien de boîtes va-t-il pouvoir remplir ?
Combien restera-t-il de chocolats ? »
▪ Demander quelle opération va être utilisée pour calculer ce résultat, et la faire écrire au tableau par un élève. Les autres élèves la recopient sur leur cahier.
Être vigilant à la pose en insistant sur la disposition des chiffres dans les carreaux et à celle des lignes de la potence.
▪ Démonter pas à pas l'algorithme de la division à l'aide de craies de couleur.
▪ Effectuer collectivement le début de l'algorithme. Les élèves terminent individuellement les calculs sur leur cahier.
▪ Corriger collectivement. Le quotient de 2 264 par 15 est 150. Le reste est 14.
On vérifie : 2 264 = (150 × 15) + 14.
▪ Modifier l'énoncé au tableau en remplaçant 15 par 24.
▪ Procéder de la même manière mais en faisant remarquer que dans cette nouvelle division on est obligé de prendre trois chiffres au diviseur car 22 est plus petit que 24.
▪ Corriger collectivement. Le quotient de 2 264 par 24 est 94. Le reste est 8.
On vérifie : 2 264 = (94 × 24) + 8.

#### Activité 2 : Calculer un quotient décimal exact

▪ Écrire au tableau l'énoncé suivant : « Un lot de 5 ramettes de papier pèse 14 kg. Quelle est la masse d'une ramette en kg ? »
▪ Demander à un élève de venir poser la division au tableau, puis de l'effectuer. S'assurer qu'un espace suffisant est laissé entre le dividende et la barre verticale de la potence pour le zéro des dixièmes.
Sur le modèle précédent, il obtiendra un quotient égal à 2 et un reste égal à 4.
▪ Faire remarquer que ces deux résultats ne permettent pas de répondre à la question posée, car une ramette ne pèse pas 2 kg. Il faut donc diviser par 5 les 4 kg restant.
▪ Montrer que 4 peut également s'écrire 4,0. On peut réécrire également le dividende en 14,0.
À partir de là montrer qu'on peut continuer à effectuer la division selon la technique connue grâce au zéro des dixièmes que l'on a rajouté. Faire remarquer toutefois

qu'on a rajouté également une virgule et que le résultat de 4 divisé par 5 est obligatoirement inférieur à 1. Ceci explique l'ajout de la virgule au quotient.

- Terminer la division en précisant que si le reste n'était pas égal à zéro, on pourrait continuer en allant plus loin après la virgule, avec les centièmes, les millièmes, ...
- Faire effectuer sur le cahier d'exercices la division de 125 par 4.

### Activité 3 : Exercices 1 et 2 du fichier

**1** Faire lire l'énoncé. Les élèves appliquent la technique classique pour calculer le quotient et le reste de la division.
Un élève vient corriger l'opération au tableau. Préciser qu'on prend au dividende le même nombre de chiffres que celui du diviseur, puis un chiffre de plus si cela ne suffit pas. Ici 320 est supérieur à 125.
**3 200 divisé par 125 → quotient : 25 ; reste : 75**
**3 200 = (25 × 125) + 75**

**2** Faire lire l'énoncé, puis faire observer la division de droite qui est déjà en partie effectuée.
Les élèves complètent l'égalité et la réponse.
**530 = (44 × 12) + 2 ; il reste 2 litres de lait.**
Faire lire la bulle de Youssef et souligner la similitude avec l'activité 2. Les élèves vont devoir diviser 2 par 12, en ajoutant le zéro des dixièmes. Faire remarquer que cette fois le reste n'est pas nul et que les virgules sont alignées.
Les élèves complètent l'égalité et la réponse.
**530 = (44,1 × 12) + 0,8 ; il reste 0,8 litres de lait.**

## Séance 2

## Activités individuelles de mathématisation

### Exercice 3

L'élève doit rechercher le quotient entier et le reste de trois divisions.

- **914 divisé par 28 → quotient : 32 ; reste : 18.**
**914 = (32 × 28) + 18.**
- **8 412 divisé par 41 → quotient : 205 ; reste : 7.**
**8 412 = (205 × 41) + 7.**
- **7 548 divisé par 237 → quotient : 31 ; reste : 201.**
**7 548 = (31 × 237) + 201.**

## Séance 3

### Exercices 4 et 5

**4** L'élève doit rechercher le quotient décimal au dixième et le reste de trois divisions.

- **425 divisé par 13 → quotient : 32,6 ; reste : 1,2.**
**425 = (32,6 × 13) + 1,2.**
- **7 917 divisé par 402 → quotient : 19,6 ; reste : 37,8.**
**7 917 = (19,6 × 402) + 37,8.**
- **237 divisé par 63 → quotient : 3,76 ; reste : 0,12.**
**237 = (3,76 × 63) + 0,12.**

**5** La potence à droite ne laisse pas de doute sur l'opération à poser.
La difficulté de la pose n'est pas à négliger et il sera important de faire poser et effectuer des divisions dans le cahier d'exercices. L'élève doit avoir compris qu'il doit laisser entre le dividende et la barre verticale de la potence, autant de carreaux que de chiffres après la virgule attendus au quotient. Ici deux.
307 divisé par 53 → quotient : 5,79 ; reste : 0,13.
*Le tour du circuit de Monza mesure 5,79 km.*

## Séance 4

## Évaluation formative

### Exercices 6 et 7

**6** Cet exercice évalue la maîtrise de la technique opératoire de la division posée, lors de la recherche d'un quotient décimal.
**1 568 divisé par 72 → quotient : 21,7 ; reste : 5,6.**
**1 568 = (21,7 × 72) + 5,6.**

**7** Dans ce problème la division est relativement simple car le quotient est entier et le reste est nul.
On évaluera donc la pose et la technique opératoire.
21 696 divisé par 48 → quotient : 452 ; reste : 0.
21 696 ÷ 48 = 452.
*Chaque touriste a payé 452 Dh pour cette excursion.*

## Séance 5

## Consolidation

### Remédiation : Exercice 8

Dans toute division le reste est inférieur au diviseur.
**4 568 = (114 × 40) + 8 ; 451 602 = (2 595 × 174) + 72**

### Approfondissement : Exercice 9

- Erreur de retenue : 5 × 25 = 125 et pas 135 ce qui a des répercussions en chaîne sur le reste.
- Oubli de la virgule au quotient et au reste : quotient : 75,4 ; reste : 12,0.

| | | | | | | | | |
|---|---|---|---|---|---|---|---|---|
| | 1 | 8 | 9 | 7 | | 2 | 5 | |
| - | 1 | 7 | 5 | | | 7 | 5, | 4 |
| | | 1 | 4 | 7 | | | | |
| | - | 1 | (3) | 5 | | | | |
| | | | (1) | 2 | 0 | | | |
| | | - | 1 | 0 | 0 | | | |
| | | | ( ) | 2, | 0 | | | |

# B4 Bilan de l'unité 4

Fichier pp. 50-51

## Évaluation sommative

<table>
<tr><th>Énoncés</th><th>Réponses et commentaires</th></tr>
<tr><td>1 Utilise ce tableau pour calculer la masse volumique du sable sec en kg/m³.</td><td>
<table><tr><td>Masse(kg)</td><td>8 000</td><td>1 600</td></tr><tr><td>Volume (m3)</td><td>5</td><td>1</td></tr></table>
De la masse de 1 m³ se déduit la masse volumique du sable : 1 600 kg/m³. Son calcul s'apparente ici à un « retour à l'unité » pratiqué dans les raisonnements proportionnels.<br>Remédiation : Revenir sur les calculs proportionnels.</td></tr>
<tr><td>2 Complète la première colonne du tableau.<br>Sur la carte, à quelle longueur en cm correspond une promenade de 6 km dans la réalité ?<br>Complète la deuxième colonne du tableau.</td><td>
<table><tr><td>Distance sur la carte (cm)</td><td>1</td><td>12</td></tr><tr><td>Distance réelle (cm)</td><td>50 000</td><td>600 000</td></tr></table>
Le remplissage de la première colonne du tableau se déduit de la définition de l'échelle.<br>Le remplissage de la deuxième colonne nécessite de convertir 6 km en cm.<br>Le calcul de la distance sur la carte se fait par linéarité multiplicative : on divise 600 000 par 50 000.<br>Remédiation : Rappeler le rôle essentiel des unités de mesure.</td></tr>
<tr><td>3 Complète la légende.<br>Coche la mesure correcte.</td><td>Bleu : chemises ; Rouge : pantalons ; Jaune : T-shirts ; Gris : blousons<br>L'angle au centre correspondant aux T-shirts est égal à 20 % de 360° soit à 72°.<br>L'affectation des couleurs aux différents pourcentages se fait en respectant l'ordre décroissant des pourcentages et des aires des secteurs circulaires. Le calcul de l'angle au centre est un calcul simple de pourcentage.<br>Remédiation : Revenir sur les valeurs en pourcentage (100 %) et en valeur d'angle (360°) pour un disque complet.</td></tr>
<tr><td>4 Convertis ses dimensions en dm, puis calcule son volume en dm³.</td><td>Conversions : 1,5 m = 15 dm ; 40 cm = 4 dm.<br>Volume : 15 dm × 4 dm × 6 dm = 360 dm³.<br>Remédiation : Rappeler la formule de calcul du volume d'un parallélépipède en soulignant la nécessité de convertir toutes les dimensions dans la même unité avant de l'appliquer. Rappeler qu'en procédant ainsi on calcule aussi le volume en litres car 1 litre = 1 dm³.</td></tr>
<tr><td>5 Quelle est la longueur de ce circuit au dixième de km près ?</td><td>La division de 224,4 par 12 donne pour quotient 18,7 et un reste nul.<br>Le circuit a une longueur de 18,7 km.<br>Remédiation : Reprendre pas à pas chaque étape de la division. Porter l'attention sur le passage de la partie entière du dividende à sa partie décimale, qui fait apparaître une virgule au quotient.</td></tr>
</table>

## Consolidation

| Énoncés | Réponses et commentaires |
|---|---|
| **1 Quelle masse d'argile transporte-t-il ?** | D'après la définition de la masse volumique, 1 m³ d'argile pèse 1 700 kg.<br>Le camion transporte 4 m³ d'argile, il porte donc 4 × 1 700 kg = 6 800 kg.<br>**Le camion transporte 6 800 kg d'argile.** |
| **2 Combien ce bassin contient-il d'eau de mer, en m³ ?** | Conversion des dimensions en m : **15 cm = 0,15 m.**<br>L = 50 m ; l = 50 m ; h = 0,15 m.<br>V = L × l × h = 50 m × 50 m × 0,15 m = 375 m³<br>**Ce bassin contient 375 m³ d'eau.** |

# 17 Addition et soustraction de durées

Fichier p. 52

| | |
|---|---|
| **Programme** | **Nombres et calcul.** Les nombres dans le système sexagésimal : addition, soustraction. |
| **Objectifs de l'apprentissage** | - Additionner et soustraire les nombres dans le système sexagésimal.<br>- Résoudre des situations-problèmes. |
| **Remarques préalables** | Le système sexagésimal est un système de numération utilisant la base 60. Il est utilisé essentiellement pour mesurer les durées ou les angles.<br>À l'école primaire nous nous limiterons à son utilisation dans le domaine du temps.<br>Dans ce cadre les unités de mesure sont l'heure, la minute et la seconde, avec les relations bien connues 1 h = 60 min ; 1 min = 60 s.<br>Les techniques opératoires de l'addition et de la soustraction dans le système sexagésimal sont sur le principe identiques à celles du système décimal. En effet, ce système repose sur une numération de position comme pour le système décimal.<br>Chaque position pourra accueillir 60 « chiffres » différents contre 10 pour le système décimal. L'heure, la minute, la seconde seront donc les rangs, comme la centaine, la dizaine ou l'unité dans le système décimal. Lors des opérations, la gestion des retenues constituera la seule différence notable, puisque celles-ci apparaîtront à partir de 60 et non de 10. Dans cette première approche nous avons plutôt privilégié la technique des conversions, plus facile à comprendre et à utiliser, car les élèves sont déjà familiers de cette méthode.<br>**Difficulté de la leçon**<br>Conceptualiser la « soixantaine » comme l'équivalent de la dizaine.<br>**Aide**<br>- Travailler sur les conversions simples de durées.<br>- Travailler en calcul mental sur le complément à 60. |

**Calcul mental : Simplifier une fraction avec le plus petit dénominateur possible.**

**Séance 1 (sur ardoise)**

*Écrire : rendre irréductible la fraction $\frac{6}{8}$ ; l'élève écrit $\frac{3}{4}$.*

**Séance 2 (sur fichier)**

→ *Écrire : rendre irréductible : $\frac{5}{10}$ ; l'élève écrit : $\frac{5}{10} = \frac{1}{2}$*

*Items :* $\frac{5}{10}$ ; $\frac{12}{18}$ ; $\frac{25}{100}$ ; $\frac{8}{20}$ ; $\frac{10}{60}$.

## Séance 1

### Activités collectives de construction du concept

#### Activité 1 : Calcul mental avec les durées

**Organisation :** Classe entière.
**Matériel :** Ardoise.

Cette première activité va avoir pour objectif de « jongler » mentalement avec des durées : conversions simples, additions simples, soustractions simples.

▪ Proposer un calcul, les élèves répondent sur leur ardoise. Après chaque proposition, expliciter la démarche au tableau.

- Conversions simples : « 1 h en min » ; « 1 min en s », écrire ces deux référents au tableau, puis « 1 h 1 min en min » ; « 1 min 5 s en s » ; « 120 min en h » ; « 90 s en min » ; « 128 s en min » ; « 75 min en h » ; ...
- Additions simples : « 59 min + 1 min en h » ; « 59 s + 1 s en min », écrire ces deux référents au tableau, puis « 58 min + 2 min en h » ; « 50 s + 20 s en min » ; « 90 min + 30 min en h » ; « 100 min + 25 min en h » ; « 110 s + 30 s en min » ; ...
- Soustractions simples : « 1 h – 1 min en min » ; « 1 min – 1 s en s », écrire ces deux référents au tableau, puis « 1 min – 5 s en s » ; « 1 h – 10 min en min » ; « 2 min – 1 s en s » ; « 2 h – 30 min en min » ; ...

#### Activité 2 : Exercices 1 et 2 du fichier

**1** Faire lire l'énoncé, puis demander comment calculer la durée du trajet : il faut additionner les durées des parcours de chaque jour.
Écrire au tableau cette addition en ligne :
7 h 38 min 42 s + 10 h 15 min 37 s = ?
Expliquer que pour calculer le résultat de cette addition on va la poser comme une addition normale. Poser l'addition au tableau pour obtenir l'opération du fichier, en expliquant que les heures, minutes et secondes remplacent les centaines, dizaines et unités dans chaque colonne. Les calculs sur les heures, minutes et secondes s'effectuent de façon séparée.
Demander quels nombres on pourrait trouver dans les colonnes des minutes et des secondes, pour faire émerger la réponse « 0 à 59 ».
Demander alors ce qu'il se passerait si on avait 59 min et qu'on ajoute 1 min : on serait obligé d'écrire 1 h 0 min. Faire remarquer que cela fonctionne comme une retenue avec des dizaines.
Faire observer l'opération sur le fichier et expliquer que dans un premier temps, on va simplement calculer le résultat de chaque colonne. Faire effectuer les calculs

pour arriver au résultat intermédiaire : 17 h 53 min 79 s. Faire observer la valeur de la colonne jaune puis demander si on a le droit d'écrire 79 dans une colonne. Faire remarquer le mot « conversion » en rouge.
Demander alors de convertir 79 s en « min et s » et d'additionner ce résultat à la colonne des minutes. Préciser que chaque fois que la valeur des colonnes de minutes ou des secondes dépassera 59, on devra faire une conversion après l'addition.
Durée du trajet : 17 h 54 min 19 s.

**2** Faire lire l'énoncé, puis demander comment calculer l'heure de départ : il faut retrancher la durée du parcours de l'heure d'arrivée.
Écrire au tableau cette soustraction en ligne :
20 h 25 min 40 s – 9 h 48 min 12 s = ?
Expliquer que pour calculer le résultat de cette soustraction on va la poser comme une soustraction normale. Poser la soustraction au tableau pour obtenir l'opération du fichier (laisser vide temporairement la ligne de conversion).
Demander ce qu'il se passerait si on avait 1 h et qu'on retire 1 min : on serait obligé d'écrire 0 h 59 min.
Faire observer l'opération sur le fichier et expliquer qu'on va calculer le résultat de chaque colonne. Faire remarquer qu'on ne peut pas retirer 48 min à 25 min, on va donc ajouter 60 min aux 25 min et on retirera 1 h aux 20 h du début. C'est l'étape de conversion.
Demander de compléter cette conversion dans la colonne bleue. Faire remarquer qu'on la fait avant la soustraction. Corriger au tableau.
Faire effectuer les calculs dans chaque colonne pour arriver au résultat final.
Heure de départ : 10 h 17 min 28 s.

## Activités individuelles de mathématisation

### Exercices 3 et 4

**3** Lors de la pose des opérations, veiller à ce que les élèves utilisent 3 carreaux par colonne, et réservent correctement les lignes destinées aux conversions.
**12 h 2 min 51 s + 4 h 23 min 54 s = 16 h 26 min 45 s**
**3 h 26 min 12 s – 1 h 3 min 40 s = 2 h 22 min 32 s**

**4** La difficulté de ce problème additif réside dans l'absence de secondes dans l'horaire de départ. Il sera donc important de bien aligner les nombres de l'opération.
**9 h 55 min + 3 h 25 min 12 s = 13 h 20 min 12 s**

# Séance 2

## Évaluation formative

### Exercices 5 et 6

**5** Cet exercice évalue la technique de l'addition et celle de la soustraction dans le système sexagésimal.
La soustraction est difficile car il n'y a pas de secondes dans le premier nombre. L'élève doit penser à mettre deux zéros pour les secondes. Il doit ensuite écrire 60 s pour pouvoir effectuer la soustraction des secondes et retrancher 1 min aux 30 min du début.
**25 h 42 min 9 s + 3 h 56 min 41 s = 29 h 38 min 50 s**
**7 h 30 min – 2 h 27 min 30 s = 5 h 2 min 30 s**

**6** L'interprétation de l'énoncé peut poser problème. L'élève doit comprendre que si le train a eu du retard, il est arrivé après l'heure prévue.
L'opération est ensuite facilitée par l'absence de secondes. Il doit aussi comprendre que 18 h 42 signifie 18 h 42 min.
18 h 42 min + 1 h 26 min = 20 h 08 min
*Le train est arrivé à 20 h 08.*

## Consolidation

### Remédiation : Exercice 7

Cet exercice reprend les connaissances essentielles travaillées dans l'activité 1 de début de leçon.
59 min + 1 min = 60 min = 1 h
59 s + 2 s = 61 s = 1 min 1 s
1 h – 10 min = 50 min
2 min – 1 s = 1 min 59 s = 119 s

### Approfondissement : Exercice 8

Jusqu'ici les élèves n'ont eu à gérer qu'une seule conversion par opération.
Ici il faudra convertir secondes et minutes, ou heures et minutes.
**5 h 52 min 41 s + 5 h 52 min 41 s = 11 h 45 min 22 s**
**10 h 20 min 20 s – 2 h 32 min 40 s = 7 h 47 min 40 s**

# 18 Constructions géométriques (2)

Fichier p. 53

| | |
|---|---|
| **Programme** | **Géométrie.** Constructions géométriques (2). |
| **Objectifs de l'apprentissage** | Connaître et utiliser les propriétés géométriques des figures usuelles, pour réaliser des constructions géométriques à l'aide des instruments de mesure géométriques. |
| **Remarques préalables** | Cette deuxième leçon sur les constructions géométriques permet de consolider les acquis des élèves en reprenant les propriétés des figures usuelles dans des programmes de constructions géométriques complexes.<br>**Difficultés de la leçon**<br>– Mobiliser toutes ses connaissances pour bien comprendre les énoncés géométriques.<br>– Utiliser à bon escient et correctement les instruments géométriques.<br>**Aide**<br>L'affichage ou la mise à disposition de « fiches d'identité » des figures usuelles. |

**Calcul mental : Donner l'écriture à virgule d'une fraction décimale.**

**Séance 1 (sur ardoise)**

*Écrire : Écriture à virgule de* $\frac{18}{100}$ *; l'élève écrit 0,18.*

**Séance 2 (sur fichier)**

→ *Écriture à virgule de* $\frac{13}{10}$ *; l'élève écrit : 1,3.*

*Items :* $\frac{13}{10}$ ; $\frac{2\,528}{1\,000}$ ; $\frac{12}{100}$ ; $\frac{453}{1\,000}$ ; $\frac{75}{1\,000}$.

## Séance 1

### Activités collectives de construction du concept

#### Activité 1 : Utiliser les instruments de géométrie pour tracer des figures

**Organisation :** Groupe de deux élèves.
**Matériel :** Feuilles blanches unies, compas, règle graduée et non graduée, équerre, crayon gris, gomme.

L'objectif de cette activité est de montrer aux élèves qu'il existe plusieurs techniques pour tracer des figures à l'aide des instruments de géométrie, en s'appuyant sur les propriétés des figures planes usuelles (triangle, rectangle, carré, cercle, parallélogramme, trapèze, losange).

**▪ Tracer la parallèle à une droite avec un compas et une règle non graduée.**

– Distribuer à chaque groupe une feuille blanche et demander de tracer deux points A et B, puis la droite (AB). Faire de même au tableau.
– Demander maintenant aux élèves de trouver une méthode pour tracer une parallèle à (AB), en utilisant uniquement le compas et la partie non graduée de la règle.
– Lancer le travail et circuler entre les groupes pour guider les recherches.
Une solution attendue consiste à tracer un trapèze isocèle dont les côtés non parallèles ont la même longueur : tracer un arc de cercle « j » de centre A et de rayon inférieur à AB, puis un arc de cercle « k » de centre B et de rayon identique au précédent, augmenter légèrement l'écartement du compas et tracer un nouvel arc « l » de centre A qui coupe « k » au point C, et enfin sans changer l'écartement un arc « m » de centre B qui coupe « j » au point D.
– Tracer la droite (CD). La figure ABCD obtenue est un trapèze, avec [AB] // [CD].
– Envoyer un élève au tableau pour effectuer le tracé.

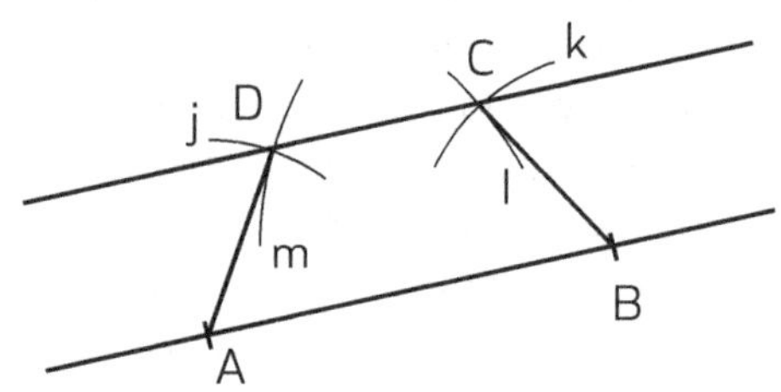


**▪ Tracer la perpendiculaire d'une droite avec un compas et une règle non graduée.**

– Distribuer à chaque groupe une feuille blanche et demander de tracer deux points A et C, puis la droite (AC). Faire de même au tableau.
– Demander aux élèves de trouver une méthode pour tracer une perpendiculaire à (AC), en utilisant uniquement le compas et une règle non graduée.
– Lancer le travail et circuler entre les groupes pour guider les recherches.
– Une solution attendue consiste à tracer un losange (dont les quatre côtés ont la même longueur et dont les diagonales sont perpendiculaires) : choisir un écartement de compas supérieur à AC, tracer un arc de cercle « j » de centre A dans un des deux demi-plans défini par (AC), puis un arc de cercle « k » dans l'autre demi-plan, tracer une arc de cercle « l » de centre C dans le même demi-plan que « k », et enfin un arc de cercle « m » dans le même demi-plan que « j » ; « j » et « l » se coupent au point B, « k » et « m » se coupent au point D
La figure ABCD obtenue est un losange, avec [AC] ⊥ [BD].
– Envoyer un élève au tableau pour effectuer le tracé.

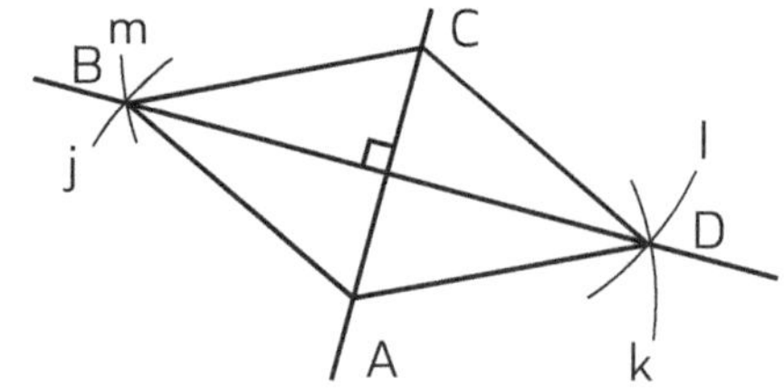

**Activité 2 : Exercice 1 du fichier**

Cet exercice permet de travailler le raisonnement géométrique, il ne demande aucun tracé.

Faire lire la consigne et observer la figure.

Faire remarquer que cette figure a une légende et qu'on va pouvoir y trouver des informations qui ne sont pas dans l'énoncé.

Faire lire la légende à un élève : « la longueur OR est égale à 8 cm ; le segment [AB] est parallèle au segment [DC] ».

Demander quelle est la nature de la figure bleue, quel est son centre, quel est son rayon, quel est son diamètre.

Faire écrire la réponse à la première question.

Demander d'observer le quadrilatère ABCD et demander sa nature. Faire justifier la réponse :

- [AB] // [DC]
- [AD] ⊥ [DC] et [BC] ⊥ [DC] donc [AD] // [BC]
- ABCD est un parallélogramme qui a deux angles droits, donc ses quatre angles sont droits
- ABCD est donc un rectangle.

Faire écrire la réponse à la deuxième question.

Successivement demander de donner les longueurs des segments [AB], [BC], [CD], [DA].

Justifier les réponses :

- [AB] est le diamètre du cercle donc il mesure deux fois le rayon [OR] soit 16 cm
- [OR] ⊥ [DC] donc [OR] // [BC] ; OBCR est un rectangle, donc BC = OR = 8 cm
- ABCD étant un rectangle, CD = AB = 16 cm et DA = BC = 8 cm.

Faire compléter les réponses à la troisième question.

## Activité individuelle de mathématisation

**Exercice 2**

L'élève doit exécuter le programme de construction pas à pas.

- Placer le point M en mesurant avec la règle
- Tracer la perpendiculaire à [AB] passant par M et placer les points C et D ; CM = DM = 2 cm.
- Tracer le losange ACBD.
- Avec le rapporteur tracer l'angle $\widehat{A}$ (l'orientation est contrainte par le positionnement de [AB]).
- Avec le compas centré sur M, tracer le point F.
- F est situé sur la droite (CD) tout comme M, donc [MF] ⊥ [AB] et l'angle $\widehat{AMF}$ est un angle droit.
- Le triangle AMF est un triangle rectangle, avec AM = MF = 3 cm, donc rectangle isocèle.

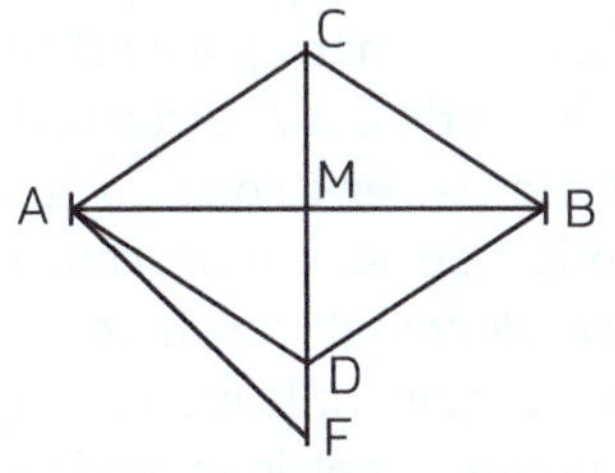


## Séance 2

### Évaluation formative

**Exercice 3**

En évaluation on demandera un tracé assez simple techniquement, mais qui demande des connaissances fines des propriétés du carré.

L'élève doit commencer à tracer la deuxième diagonale en s'appuyant sur les propriétés des diagonales du carré (orthogonalité, isométrie, se coupent en leur milieu).

- Mesurer FH puis tracer le milieu de [FH].
- Tracer la perpendiculaire à [FH] qui passe par ce point, puis tracer sur cette nouvelle droite les points E et G tels que EG = FH ; [FH] et [EG] se coupent en leur milieu.

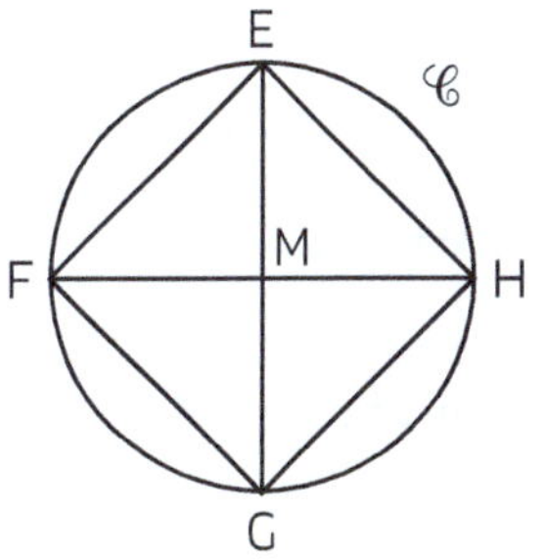


- Tracer le carré EFGH, et nommer le point M déjà tracé, puis tracer le cercle 𝒞.

Les diagonales du carré ayant la même longueur, les points E et G sont situés sur le cercle 𝒞.

### Consolidation

**Remédiation : Exercice 4**

La figure C est un parallélogramme sous sa forme classique, G est rectangle, F un losange et D un carré. Toutes ces figures sont des parallélogrammes.

**Approfondissement : Exercice 5**

Le côté du carré mesure 8 cm, donc le diamètre du cercle également. [AB] est perpendiculaire au côté du carré et passe par O. Donc AB est égal au côté du carré augmenté du rayon du cercle.

**AB = 8 cm + 4 cm = 12 cm.**

[CD] est une diagonale du losange, donc [CD] est perpendiculaire au côté du carré qui en est l'autre diagonale. Les diagonales du losange se coupent en leur milieu, donc CD est égal à deux fois la longueur du côté du carré.

**CD = 8 cm × 2 = 16 cm.**

# 19 La symétrie axiale ou la réflexion

Fichier p. 54

| | |
|---|---|
| **Programme** | **Géométrie.** La symétrie axiale ou la réflexion (construction d'une figure identique symétrique en gardant même distance et même angle ou effet miroir). |
| **Objectifs de l'apprentissage** | – Tracer une figure identique par rapport à un axe donné sur une grille quadrillée.<br>– Déduire certaines propriétés de la symétrie axiale (conservation de la distance et conservation des angles). |
| **Remarques préalables** | Les élèves ne doivent pas confondre la translation qui est un glissement sans rotation et sans retournement d'une figure et la symétrie axiale (ou réflexion) qui retourne la figure sans la déformer. Chacune de ces transformations est une isométrie qui conserve la forme, les angles et les dimensions de la figure.<br>**Difficulté de la leçon**<br>Réaliser un travail soigné.<br>**Aide**<br>Le papier quadrillé facilite les tracés, permet de mesurer rapidement les distances et d'utiliser l'orthogonalité des carreaux pour mesurer les distances à l'axe. Ainsi les mesures d'angles ne sont jamais nécessaires. |

**Calcul mental : Écrire un décimal sous la forme d'une fraction décimale.**

**Séance 1 (sur ardoise)**

*Écrire : Fraction décimale égale à 2,35 ; l'élève écrit* $\frac{235}{100}$.

**Séance 2 (sur fichier)**

➔ *Écrire : Fraction décimale égale à 0,52 ; l'élève écrit* $\frac{52}{100}$.

***Items :** 0,52 ; 3,145 ; 14,5 ; 3,08 ; 0,015.*

## Séance 1

### Activités collectives de construction du concept

**Organisation :** Classe entière.

**Matériel :** Matériel photocopiable ci-dessous, papier calque, règle graduée, rapporteur, pointe de compas.

#### Activité 1 : Propriétés de la symétrie

- Reproduire au tableau le dessin de la photocopie 1.

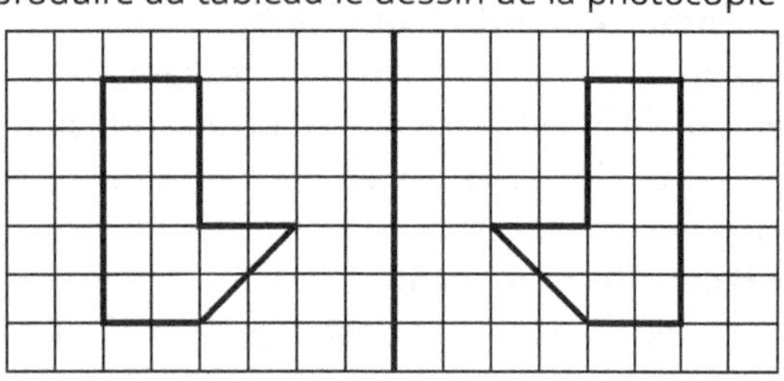

- Distribuer la photocopie 1 aux élèves.
- Faire analyser le dessin. Marquer les sommets des figures et constater qu'un point et son symétrique sont à égale distance de l'axe de symétrie. Faire vérifier les longueurs des segments avec la règle graduée et faire remarquer qu'elles sont conservées. Faire de même avec un rapporteur pour les mesures des angles.

#### Activité 2 : Dessiner le symétrique d'une figure de deux façons différentes

- Distribuer la photocopie 2 du matériel photocopiable. Faire dessiner le symétrique de la figure par rapport à l'axe vertical **a** grâce au pliage et au piquage. Plier la feuille selon l'axe **a** et piquer les sommets de la figure à reproduire symétriquement pour que la marque laisse une trace sur le demi-plan symétrique de celui contenant la figure initiale. Ouvrir la feuille et joindre les points. La figure symétrique est tracée.
- Vérifier les propriétés de la symétrie.
- Faire dessiner directement la figure symétrique par rapport à l'axe horizontal **b** sans pliage mais en utilisant le quadrillage.

#### Activité 3 : Exercice 1 du fichier

Les élèves tracent le symétrique du quadrilatère ABCD. Le rappel de Mathix est peut-être nécessaire. Faire remarquer que le symétrique du point B est déjà tracé. Faire placer les points symétriques des sommets A, C, D, puis tracer les côtés du quadrilatère symétrique. Les élèves constatent en les mesurant que chaque côté du quadrilatère a la même longueur que son symétrique. Sur la figure symétrique faire rechercher à l'aide du papier calque les angles égaux à ceux du quadrilatère ABCD. Faire marquer l'angle droit, puis faire colorier chaque angle de la couleur de l'angle de la figure ABCD qui lui est égal.

### Activité individuelle de mathématisation

#### Exercice 2

Les élèves tracent le symétrique du triangle ABC en repérant les symétriques des sommets A, B et C par rapport à l'axe rouge. Le symétrique de A se situe à 2 carreaux de l'axe, le symétrique de B se situe à 10 carreaux de l'axe et celui de C à 7 carreaux de l'axe.

Ils vérifient avec le papier calque ou le rapporteur que les angles coloriés de la même couleur sont égaux. Ils constatent avec leur règle que les côtés de la figure et ceux de son symétrique ont la même longueur.

Les côtés de la figure symétrique ont la même longueur que ceux de la figure ABC.

## Séance 2

### Évaluation formative

**Exercices 3 et 4**

**3** Les deux figures à colorier sont les deux figures de gauche qui sont symétriques par rapport à l'axe horizontal.

**4** Cet item vérifie que les élèves savent tracer le symétrique d'une figure par rapport à un axe horizontal. Il insiste sur les propriétés de la symétrie : conservation des angles et des longueurs.

### Consolidation

**Remédiation : Exercice 5**

C'est la réciproque de la propriété essentielle de la symétrie axiale. L'axe de symétrie se situe à égale distance des points et de leur symétrique.

**Approfondissement : Exercice 6**

Les élèves ont du mal à concevoir que l'axe de symétrie puisse traverser une figure et son symétrique. Cet exercice les surprendra. Ils doivent construire le symétrique de chaque sommet avant de tracer la figure symétrique.

## Matériel photocopiable

**Photocopie 1**

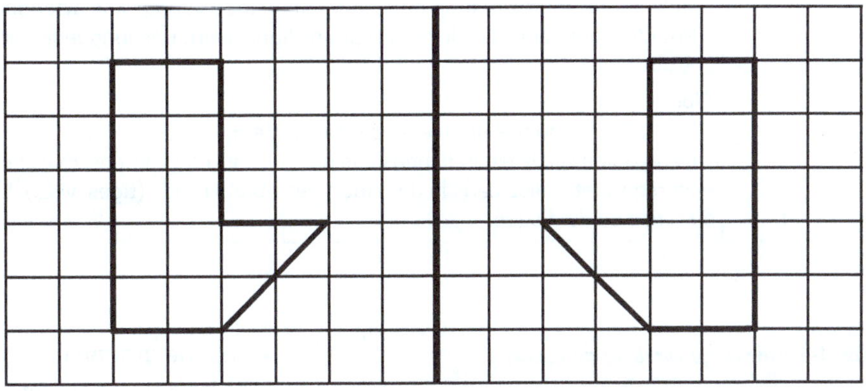

**Photocopie 2**

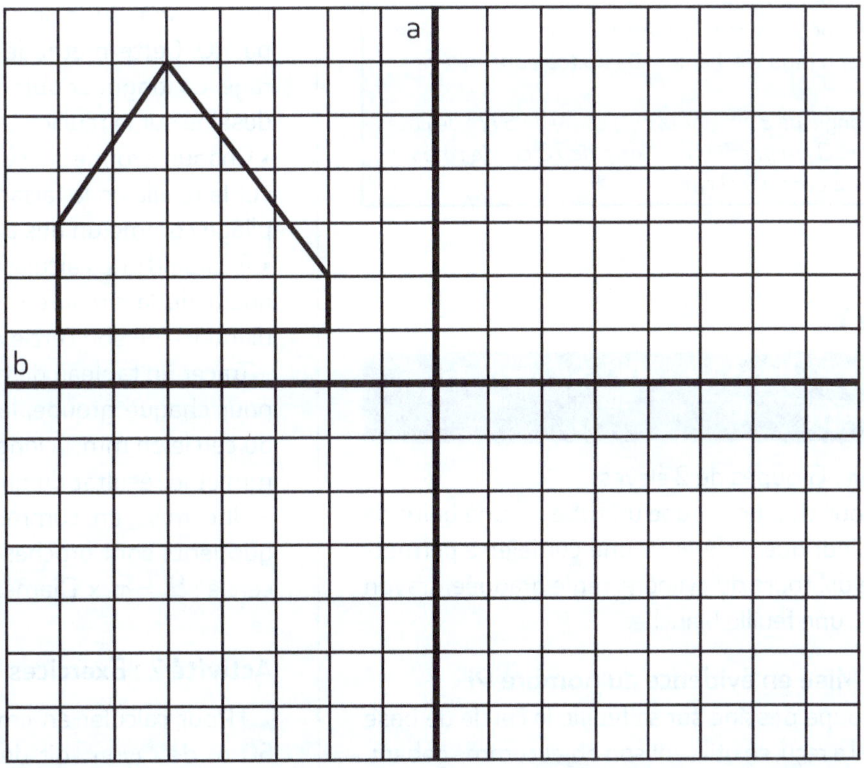

# 20 Mesure de la circonférence d'un cercle et de l'aire d'un disque

Fichier p. 55

| | |
|---|---|
| **Programme** | **Mesure.** Mesure de la circonférence d'un cercle et de l'aire d'un disque. |
| **Objectifs de l'apprentissage** | – Appliquer la règle de calcul de la circonférence d'un cercle pour trouver la circonférence d'un cercle ou d'un arc (quart ou demi-cercle).<br>– Utiliser la règle de calcul de la surface d'un disque pour trouver la surface d'un disque ou d'une partie du disque. |
| **Remarques préalables** | Les formules de calcul concernant le cercle, font toutes intervenir le nombre Pi noté $\pi$, qui n'est pas un nombre décimal mais un nombre irrationnel (et même transcendant).<br>Les élèves doivent savoir que ce nombre est arrondi au centième près par 3,14, mais qu'il peut aussi par exemple être arrondi au dix-millième près par 3,1416.<br>D'autre part les élèves confondent souvent les deux formules : $2\pi R$ et $\pi R^2$ qui se ressemblent phonétiquement bien que la première corresponde au calcul d'une longueur et la seconde à celui d'une aire. Pour éviter ce type de confusion nous avons choisi d'exprimer la longueur du cercle, appelée sa circonférence, sous la forme $\pi D$ pour la mettre en relation directe avec le diamètre du cercle plutôt qu'avec son rayon, tous deux étant liés par la relation $D = 2 \times R$.<br>Le cercle est la seule figure géométrique pour laquelle la surface qu'il délimite est désignée par un nom différent (disque) de celui qui définit la ligne formant son contour.<br>**Difficultés de la leçon**<br>– Utiliser une approximation de $\pi$ correspondant à la précision attendue.<br>– Prendre conscience que le cercle est une ligne ayant une longueur alors que le disque est une surface ayant une aire.<br>**Aide**<br>– Connaître les quatre premières décimales de $\pi$.<br>– Le rayon du cercle est indispensable pour le tracer au compas, mais c'est son diamètre qui est perçu au premier regard et utilisé dans la définition des objets ronds (tiges, vis...). L'un comme l'autre détermine la taille du cercle ou du disque. |

**Calcul mental : Périmètre du carré ou du rectangle.**

**Séance 1 (sur ardoise)**

*Écrire : Périmètre en m d'un carré de 6 dam de côté (figure schématique au tableau) ; l'élève écrit 240 m.*

**Séance 2 (sur fichier)**

→ *Écrire : Périmètre en cm d'un rectangle de 8 cm de large et 12 cm de long (figure schématique au tableau) ; l'élève écrit 40 cm.*

***Items :*** *Rectangle de 8 cm par 12 cm ; Carré de 5 dm de côté ; Rectangle de 20 cm par 30 cm ; Carré de 20 cm de côté ; Rectangle de 2 dm par 60 cm.*

## Séance 1

### Activités collectives de construction du concept

**Organisation :** Groupes de 2 élèves.

**Matériel :** Pour chaque groupe un tube ou une boîte de conserve cylindrique différente, une cordelette permettant de faire dix tours du cylindre, règle graduée, crayon gris, gomme, une feuille blanche.

#### Activité 1 : Mise en évidence du nombre Pi

▪ Chaque groupe dessine sur sa feuille le cercle de base de l'objet qu'il a reçu, en utilisant son objet comme gabarit.

▪ Chaque groupe entoure sa cordelette autour de la surface latérale de l'objet cylindrique qu'il a reçu et compte exactement 10 tours. Il fait une marque sur la cordelette à l'extrémité du dixième tour, puis mesure la longueur de ces dix tours avec une règle graduée avant de calculer en mm la longueur d'un seul tour en divisant cette mesure par 10. Cette méthode amoindrit les erreurs de mesurage. La longueur obtenue est la circonférence du cercle dessiné sur la feuille.

▪ Chaque groupe mesure le diamètre du cercle dessiné sur la feuille en le faisant éventuellement apparaître par pliage comme un des axes de symétrie du cercle.

▪ À l'aide d'une calculatrice chaque groupe divise la longueur de la circonférence de son cercle en mm, par le diamètre de son cercle en mm.

– Tracer un tableau de trois lignes sur lesquelles on note pour chaque groupe, la longueur L de la circonférence du cercle en mm, la longueur D du diamètre du cercle en mm et le résultat du quotient de L/D.

– Une mise en commun fait apparaître que tous les quotients sont proches de Pi et que la circonférence du cercle : $\mathscr{L} = \pi \times$ Diamètre.

#### Activité 2 : Exercices 1 et 2 du fichier

**1** Pour calculer en cm la circonférence d'un cercle de 50 m de rayon soit de 100 m de diamètre, les élèves

doivent convertir 100 m en cm : 100 m = 10 000 cm, puis multiplier cette longueur par une approximation de $\pi$ donnant un résultat au cm près. Pour cela il est préférable de choisir $\pi = 3{,}1416$. On obtient alors :
L = 3,1416 × 10 000 cm = 31 416 cm
*La circonférence d'un cercle de 50 m de rayon est égale à 31 416 cm.*

**2** Pour calculer en $cm^2$ l'aire d'un disque de 20 cm de rayon, les élèves utilisent la formule :
$A = \pi \times 20$ cm × 20 cm = 3,14 × 400 $cm^2$
A = 1 256 $cm^2$
Ici la valeur de $\pi = 3{,}14$ est suffisante.
*L'aire d'un disque de 20 cm de rayon est égale à 1 256 $cm^2$.*

## Activités individuelles de mathématisation

### Exercice 3

Préciser ce qu'est une « roue de mesure » en s'appuyant sur l'illustration : c'est une roue que les géomètres utilisent pour mesurer des distances entre deux points. Elle possède généralement un compteur indiquant la distance parcourue.
Une roue de 30 cm de diamètre a une circonférence en mètres égale à $\pi \times 0{,}3$ m. Lorsque la roue fait 100 tours la distance parcourue est exprimée par $100 \times \pi \times 0{,}3$ m = 30 × 3,14 m = 94,2 m.
*Le géomètre parcourt une distance de 94,2 m.*

### Exercice 4

Le sprinter effectue le trajet AD formé de deux lignes droites de 50 m et d'un demi-cercle de 40 m de diamètre.
AD = 100 m + ($\pi$ × 40 m) ÷ 2
AD = 100 m + 62,8 m = 162,8 m
*Le sprinter effectue un trajet de 162,8 m.*

## Séance 2

## Évaluation formative

### Exercice 5

La piste d'athlétisme du problème 4 est formée de deux lignes droites de 90 m et de deux demi-cercles de 40 m de diamètre. Son périmètre est donc égal à :
180 m + 3,14 × 40 m.
P = 180 m + 125,6 m = 305,6 m.
Son aire est celle du rectangle central augmentée de l'aire des deux demi-disques. Elle est donc égale à l'aire du rectangle augmentée de l'aire d'un disque de 40 m de diamètre ou de 20 m de rayon.
A = 90 m × 40 m + 3,14 × 20 m × 20 m
A = 3 600 $m^2$ + 1 256 $m^2$ = 4 856 $m^2$

## Consolidation

### Remédiation : Exercice 6

La circonférence d'un cercle mesure 314 m, donc 3,14 × Diamètre = 314 m.
On en déduit que son diamètre est égal à 100 m.
Pour calculer l'aire du disque correspondant à ce cercle, on calcule le rayon : 100 m ÷ 2 = 50 m.
Puis 3,14 × 50 m × 50 m = 7 850 $m^2$

### Approfondissement : Exercice 7

Quand on divise par 2 le rayon d'un cercle, on divise aussi son diamètre par 2, comme la circonférence d'un cercle est proportionnelle à son diamètre ($\pi$ est le coefficient de proportionnalité), elle est aussi divisée par 2.
L'aire du disque correspondant s'obtient en utilisant un rayon deux fois plus petit, si R désigne le rayon du cercle initial, une fois divisé par 2 le rayon est égal à $\frac{R}{2}$, donc la formule qui donne son aire est :
$$\pi \times \frac{R}{2} \times \frac{R}{2} = \pi \times \frac{R^2}{4} = \frac{\pi \times R^2}{4}$$
L'aire du cercle initial de rayon R est égale à $\pi \times R^2$, donc *l'aire du nouveau disque est 4 fois plus petite que celle du disque initial.*

# 21 La proportionnalité : le pourcentage et la vitesse moyenne

Fichier p. 56

| | |
|---|---|
| **Programme** | **Nombres et calcul.** La proportionnalité : le pourcentage et la vitesse moyenne. |
| **Objectifs de l'apprentissage** | – Extraire et utiliser le pourcentage dans des situations de calculs.<br>– Calculer une vitesse moyenne. |
| **Remarques préalables** | Les notions de pourcentage et de vitesse moyenne sont définies par le quotient de deux grandeurs, il s'agit donc de notions relatives plus délicates à maîtriser que des notions définies par des valeurs absolues. Les formules qui les définissent sont le premier guide à suivre car elles justifient les différents calculs faisant intervenir ces notions.<br>Avec du recul les formules de définition paraîtront plus « naturelles » aux élèves qui les utiliseront avec plus d'aisance, mais il ne faut pas s'étonner de voir les élèves rencontrer quelques difficultés en début d'apprentissage.<br>**Difficultés de la leçon**<br>– Comprendre la différence entre valeur absolue et valeur relative (expression d'une augmentation par rapport à un prix initial ou d'une distance parcourue par rapport au temps mis pour la parcourir).<br>– Savoir exploiter les formules de définition pour résoudre des problèmes.<br>**Aide**<br>– Favoriser la distinction entre valeurs absolues et valeurs relatives.<br>– Montrer les différentes façons d'exploiter une formule de définition. |

**Calcul mental : Aire du carré et du rectangle.**

**Séance 1 (sur ardoise)**

*Écrire : Aire en m² d'un carré de 60 m de côté (figure schématique au tableau de 60 m de côté) ; l'élève écrit : 3 600 m².*

**Séance 2 (sur fichier)**

→ *Écrire : Aire en cm² d'un rectangle de 8 cm de large et 12 cm de long (figure schématique au tableau) ; l'élève écrit : 96 cm².*

***Items :*** *Rectangle de 8 cm par 12 cm ; Carré de 5 dm de côté ; Rectangle de 20 cm par 30 cm ; Carré de 20 cm de côté ; Rectangle de 2 dm par 60 cm.*

## Séance 1

### Activités collectives de construction du concept

**Organisation :** Classe entière.

#### Activité 1 : Valeur absolue et valeur relative

▪ Écrire au tableau : « Un vélo coûtant 2 000 Dh voit son prix augmenter de 100 Dh ; un jeu coûtant 200 Dh voit son prix augmenter de 20 Dh. Quel article a le plus augmenté ? »

– Solliciter les élèves et leur demander de justifier leur réponse. L'augmentation subie par le prix du vélo sera sans doute majoritaire car les élèves vont comparer les valeurs absolues.

– Montrer que le prix du jeu étant 10 fois plus faible que celui du vélo son augmentation aurait été la même si elle avait été 10 fois plus faible que celle du vélo. Pour cela il aurait fallu que le prix du jeu n'augmente que de 10 Dh, or il a augmenté du double, c'est donc le jeu qui a le plus augmenté en valeur relative.

▪ Conclure que pour comparer deux augmentations, si les prix de départ sont différents, il faut diviser chaque augmentation par le prix de départ, ce qui donne le pourcentage de l'augmentation :

$$\frac{100 \text{ Dh}}{2\,000 \text{ Dh}} = \frac{1}{20} = \frac{5}{100} = 0{,}05 = 5\ \%$$

$$\frac{20 \text{ Dh}}{200 \text{ Dh}} = \frac{1}{10} = \frac{10}{100} = 0{,}1 = 10\ \%$$

#### Activité 2 : Comparer des vitesses

▪ Écrire au tableau : « Hamid a couru 12 km en 45 minutes, Mehdi a couru 8 km en 30 minutes.
Qui a couru le plus vite ? »

▪ Solliciter les élèves et leur demander de justifier leur réponse.

▪ Souligner que pour que la comparaison des vitesses soit possible sans calcul, il faudrait soit qu'ils aient parcouru la même distance, soit qu'ils aient couru des distances différentes mais dans la même durée, ce n'est pas le cas ici. Il faut donc calculer leurs vitesses moyennes.

▪ La vitesse moyenne en km/h indique le nombre de km parcourus en 1 heure pour l'obtenir on divise la distance parcourue en km par le temps mis pour la parcourir en heure.

$45 \text{ min} = \frac{45}{60} \text{ h} = \frac{3}{4} \text{ h}$

$30 \text{ min} = \frac{30}{60} \text{ h} = \frac{1}{2} \text{ h}$

Vitesse de Hamid : $12 \text{ km} \div \frac{3}{4} \text{ h} = 12 \times \frac{4}{3} \text{ km/h} = 16 \text{ km/h}$

Vitesse Mehdi : $8 \text{ km} \div \frac{1}{2} \text{ h} = 8 \times 2 \text{ km/h} = 16 \text{ km/h}$

Conclusion : Hamid et Mehdi ont couru à la même vitesse.

**Activité 3 : Exercices 1 et 2 du fichier**

**1** Les élèves doivent exprimer 30 % de deux façons : sous forme de fraction et sous forme de nombre décimal.

$30\,\% = \frac{30}{100} = 0{,}30 = 0{,}3$

Puis sur le modèle proposé, ils doivent calculer le prix réduit de 30 % d'un article coûtant au départ 210 Dh :

210 Dh – (0,30 × 210 Dh) = 210 Dh – 63 Dh = 147 Dh

**2** La première difficulté de cet exercice est le respect des unités de durée : la durée 20 min doit être exprimée en heure : $\frac{20}{60}$ h soit $\frac{1}{3}$ h.

De même 10 min = $\frac{10}{60}$ h = $\frac{1}{6}$ h.

Le calcul de la durée totale demande alors d'effectuer une somme de fractions. Il est évidemment plus simple de calculer la durée totale du trajet en min : 20 min + 10 min = 30 min avant de la convertir en heure : 30 min = $\frac{1}{2}$ h = 0,5 h

$\textit{Vitesse moyenne} = \frac{\textit{Longueur du trajet}}{\textit{Durée du trajet}}$

**Vitesse** $= \frac{\textbf{4 km + 8 km}}{\textbf{0,5 h}} =$ **24 km/h**

On peut remarquer que cette vitesse moyenne n'est pas la moyenne de la vitesse de montée (12 km/h) et de la vitesse de descente (48 km/h) car ces deux vitesses n'ont pas été effectives pendant les mêmes durées.

## Activités individuelles de mathématisation

**Exercices 3 et 4**

**3** Une console de jeux a vu son prix passer de 800 Dh à 960 Dh.

**Son prix a donc augmenté de 160 Dh.**

$\frac{160 \text{ Dh}}{800 \text{ Dh}} = \frac{20}{100} = 20\,\%$

**Cette augmentation correspond à un pourcentage de 20 %.**

**4** Une voiture parcourt 120 km en 1 h 20 min, sa vitesse moyenne doit être exprimée en km/h, il faut donc convertir la durée du trajet en heure :

1 h 20 min = 80 min = $\frac{80}{60}$ h = $\frac{8}{6}$ h = $\frac{4}{3}$ h

**Vitesse moyenne :**

**120 km ÷ $\frac{4}{3}$ h = 120 × $\frac{3}{4}$ km/h = 90 km/h.**

Pour calculer la distance qu'elle parcourra à la même vitesse en 2 h 30 min, il faut multiplier sa vitesse en km/h par une durée en heures :

2 h 30 min = 150 min = $\frac{150}{60}$ h = $\frac{5}{2}$ h = 2,5 h

Distance parcourue : 90 km/h × 2,5 h = 225 km

On peut vérifier de façon additive la validité de ce calcul :

1 h → 90 km donc 30 min → 45 km

2 h 30 min → 90 km + 90 km + 45 km = 225 km.

Ce type de vérification n'est possible que pour des valeurs très simples, c'est évidemment le calcul du produit qui s'applique dans le cas général.

# Séance 2

## Évaluation formative

**Exercice 5**

Pour répondre à la question, à 350 il faut ajouter 10 % de 350.

Calcul de 10 % de 350 :

$350 \times \frac{10}{100} = 350 \times \frac{1}{10} = 350 \times 0{,}10 = 35$

350 élèves + 35 élèves = 385 élèves.

**À la nouvelle rentrée, 385 élèves sont inscrits.**

## Consolidation

**Remédiation : Exercice 6**

Karim a parcouru 500 m en 2 min.

1 h = 60 min = 30 × 2 min. En une heure, il parcourrait 30 fois plus que 500 m soit **15 000 m.**

Comme 15 000 m = 15 km, **sa vitesse est de 15 km/h.**

**Approfondissement : Exercice 7**

Le prix d'un vélo (2 500 Dh) a augmenté de 20 % la première année, puis de 10 % l'année suivante.

Prix du vélo la première année :

2 500 Dh + 0,20 × 2 500 Dh = 2 500 Dh + 500 Dh = 3 000 Dh

La difficulté est de calculer l'augmentation du prix durant la deuxième année par rapport au prix de la première année et non par rapport au prix initial de 2 500 Dh.

Prix du vélo la deuxième année :

3 000 Dh + 0,10 × 3 000 Dh = 3 000 Dh + 300 Dh = **3 300 Dh.**

# 22 Mesure des surfaces latérale et totale des solides usuels

Fichier p. 57

| | |
|---|---|
| **Programme** | **Mesure.** Mesure de la surface latérale et de la surface totale (le cube, le parallélépipède, le prisme droit et le cylindre). |
| **Objectifs de l'apprentissage** | Utiliser des méthodes simples pour trouver la surface latérale et totale d'un cube, d'un parallélépipède, d'un prisme droit et d'un cylindre. |
| **Remarques préalables** | Les solides étudiés dans cette leçon sont des solides droits, définis par deux bases superposables et parallèles, et dont les surfaces latérales sont des rectangles (bases polygonales ou cylindre de révolution).<br>Nous avons choisi de traiter les objectifs avec des solides moins connus des élèves, et de réserver le cube pour la remédiation.<br>**Difficultés de la leçon**<br>– La notion de surface latérale d'un solide usuel se définit par opposition aux surfaces de base. La base d'un prisme quelconque, d'un cône ou d'une pyramide peut être définie sans ambiguïté indépendamment de la position du solide. Par contre « la base » d'un parallélépipède ou d'un cube peut être n'importe laquelle de ses faces, c'est souvent la position qu'il occupe qui fixe la base et donc la surface latérale. Dans le cas d'un parallélépipède, la notion de surface latérale devient donc fluctuante car dépendant de sa position.<br>**Aide**<br>Bien distinguer les notions de base des autres faces des solides usuels. |

**Calcul mental : Unités de volume et de contenance.**

**Séance 1 (sur ardoise)**

*Écrire : Compléter : 1 dm³ = ... cm³ ; l'élève écrit 1 000 cm³.*

**Séance 2 (sur fichier)**

→ *Écrire : Compléter : 1 m³ = ... dm³ ; l'élève écrit : 1 000 dm³*
***Items :*** *1 m³ = ... dm³ ; 1L = ... dm³ ; 1 dm³ = ...cL ; 250 cL = ... L ; 1 L = ... cm³.*

## Séance 1

### Activités collectives de construction du concept

**Organisation :** Classe entière ou demi-classe l'une travaille sur un prisme, l'autre sur un cylindre.
**Matériel :** Matériel photocopiable en fin de guide, règle graduée.
**Collectif :** Un prisme à base triangulaire et un cylindre ; ou un prisme à base triangulaire et un cylindre pour deux élèves.

#### Activité 1 : Aire des surfaces latérale et totale d'un prisme à base triangulaire

- Faire observer et décrire un prisme à base triangulaire.
- Faire compter les faces et distinguer les bases et les faces latérales. Nommer la forme des bases du solide.
- Faire rechercher la formule de calcul de la surface latérale. Dans un premier temps, les élèves exposent leurs solutions. Il faut qu'ils découvrent que la surface latérale est un rectangle formé de trois rectangles. Le patron du prisme le fera apparaître clairement. La formule du calcul de l'aire de la surface d'un rectangle : L × l sera rappelée.
- Faire mesurer les côtés des triangles et les largeurs des rectangles. Il apparaît que la longueur du rectangle de la surface latérale est égale au périmètre de la base triangulaire. La formule de calcul s'en déduit :

$$\text{Aire}_{\text{surface latérale}} = \text{Périmètre de base} \times h$$
h = hauteur du solide

- Faire trouver la formule de l'aire de la surface totale. Il suffit d'ajouter l'aire des deux bases à la surface latérale. L'aire du triangle est donnée par la formule : $\frac{\text{base} \times h}{2}$ qu'il faut multiplier par 2 car il y a deux bases.

$$\text{Aire}_{\text{surface totale}} = 2 \times \text{Aire}_{\text{surface de base}} + \text{Aire}_{\text{surface latérale}}$$

#### Activité 2 : Aire des surfaces latérale et totale d'un cylindre

- Procéder de manière identique à l'activité 1.

La surface latérale est un rectangle dont la longueur est égale à la circonférence du disque. L'aire de la surface latérale est donc égale au produit de la circonférence du disque par la hauteur du cylindre. L'aire totale se calcule en ajoutant deux fois l'aire du disque à l'aire du rectangle. Un élève vient au tableau exposer ses calculs.

#### Activité 3 : Exercices 1 et 2

**1** Les bases des solides ne sont pas forcément les faces sur lesquelles sont posés les solides. Ceci n'est vrai que pour le cube et le parallélépipède dont toutes les faces peuvent être des bases.
Les bases d'un prisme à base triangulaire sont des triangles et celles du cylindre des disques. Les élèves doivent répondre que **les bases sont colorées en bleu** et **les surfaces latérales en jaune**. La formule de calcul de l'aire de la surface totale est commentée : c'est la somme de la surface latérale et de l'aire de la surface des bases.

**2** L'utilisation du patron d'un cylindre permet de

visualiser la surface latérale de celui-ci, et de comprendre que la longueur du rectangle est égale à la circonférence du disque. Les élèves colorient la surface latérale en jaune puis ils calculent la longueur du rectangle en calculant la circonférence du cercle bleu. Pour cela, ils doivent retrouver la formule du calcul du périmètre du cercle vue en leçon 20 :

$\mathscr{L} = \pi \times D$

$\mathscr{L} = 3{,}14 \times 8 \text{ cm} = 25{,}12 \text{ cm}$.

Les élèves écrivent la longueur du rectangle jaune : 25,12 cm.

Ils peuvent alors calculer l'aire de la surface latérale jaune : $25{,}12 \text{ cm} \times 10 \text{ cm} = 251{,}2 \text{ cm}^2$.

Pour calculer l'aire de la base bleue, il faut calculer l'aire du disque grâce à la formule :

$A = \pi \times R \times R$

Attention, 8 cm est la mesure du diamètre qui est donnée sur le dessin. Le rayon R = 4 cm.

L'aire de la base = $3{,}14 \times 4 \text{ cm} \times 4 \text{ cm} = 50{,}24 \text{ cm}^2$.

L'aire de la surface totale :

$251{,}2 \text{ cm}^2 + 50{,}24 \text{ cm}^2 = 301{,}44 \text{ cm}^2$.

## Activité individuelle de mathématisation

### Exercice 3

Pour répondre à la première consigne, il faut connaître la formule de calcul de l'aire de la surface latérale d'un solide.

Pour calculer le périmètre de la base, il faut collecter les dimensions des côtés sur le triangle du haut et celui du bas.

$\text{Périmètre}_{(\text{base})} = 25 \text{ cm} + 20 \text{ cm} + 15 \text{ cm} = 60 \text{ cm}$

**$\text{Aire}_{(\text{surface latérale})} = 60 \text{ cm} \times 60 \text{ cm} = 3\,600 \text{ cm}^2$.**

Pour répondre à la deuxième consigne, il faut connaître la formule de calcul de l'aire de la surface totale et surtout avoir noté que 150 cm², l'aire donnée dans l'énoncé, est l'aire de la surface d'une seule base.

**$\text{Aire}_{(\text{surface totale})} = (150 \text{ cm}^2 \times 2) + 3\,600 \text{ cm}^2 = 3\,900 \text{ cm}^2$.**

## Séance 2

## Évaluation formative

### Exercice 4

Toutes les faces d'un pavé droit peuvent être des bases. Dans le cas présent, le parallélépipède est posé sur une face carrée, celle-ci devient donc la base. Les élèves doivent utiliser la formule de calcul de l'aire de la surface latérale.

$\text{Aire}_{(\text{surface latérale})} = \text{périmètre}_{(\text{base})} \times$ hauteur du solide = $4 \times 5 \text{ dm} \times 12 \text{ dm} = 240 \text{ dm}^2$.

## Consolidation

### Remédiation : Exercice 5

Le choix du cube comme solide facilite les calculs. Sa présentation en patron et les deux couleurs utilisées permettent de visualiser la surface latérale et les faces qui la complètent pour avoir la surface totale.

Il y a deux façons de calculer l'aire de la surface latérale :

1. Le périmètre du carré bleu multiplié par l'arête du carré : $(4 \times 6 \text{ cm}) \times 6 \text{ cm} = 144 \text{ cm}^2$.
2. L'aire d'un carré multipliée par le nombre de carrés $(6 \text{ cm} \times 6 \text{ cm}) \times 4 = 144 \text{ cm}^2$.

L'aire totale = $144 \text{ cm}^2 + (36 \text{ cm}^2 \times 2)$

$= 144 \text{ cm}^2 + 72 \text{ cm}^2 = 216 \text{ cm}^2$

Elle peut également être calculée comme l'aire de 6 carrés.

### Approfondissement : Exercice 6

Pour calculer l'aire de la surface latérale, il faut calculer la mesure du périmètre du triangle : 20 mm + 30 mm + 20 mm = 70 mm et la multiplier par la hauteur du prisme : $70 \text{ mm} \times 30 \text{ mm} = 2\,100 \text{ mm}^2$.

Pour calculer l'aire totale, il faut ajouter l'aire des bases à l'aire de la surface latérale :

$$2\,100 \text{ mm}^2 + \frac{30 \text{ mm} \times 15 \text{ mm}}{2} \times 2 = 2\,550 \text{ mm}^2.$$

La connaissance des formules de calcul et la déduction des mesures de longueur des côtés des triangles sont les difficultés de l'exercice.

# 23 Le volume du prisme droit et du cylindre

Fichier p. 58

| | |
|---|---|
| **Programme** | **Géométrie.** Le volume du prisme droit et du cylindre droit. |
| **Objectifs de l'apprentissage** | Calculer le volume d'un prisme droit et d'un cylindre droit à partir de leurs règles de calcul. |
| **Remarques préalables** | Les élèves confondent aire et volume comme ils ont confondu périmètre et aire. Il faudra donc être attentif aux définitions et aux illustrations qui les représentent. Il faudra aussi veiller à définir les bases de ces deux solides. Jusqu'à présent, avec le cube et le parallélépipède, chaque face pouvait devenir la base du solide, ce n'est plus le cas avec le prisme et le cylindre. La base de ces solides est la face qui génère ces solides : un polygone pour le prisme et le disque pour le cylindre.<br>Nous nous sommes limités dans cette leçon à l'étude des prismes droits à base triangulaire, mais la formule de calcul peut être généralisée à tout prisme droit à base polygonale.<br>**Difficultés de la leçon**<br>- Confusion entre aire et volume, hauteur du triangle et hauteur du prisme.<br>- Ne pas avoir mémorisé les formules de calcul des aires.<br>**Aide**<br>Affichage des représentations légendées des solides. |

**Calcul mental : Unités de durée.**

**Séances 1 (sur ardoise)**
*Écrire : Compléter : 1 h 45 min = ..... min ; l'élève écrit 105 min.*

**Séance 2 (sur fichier)**
➜ *Écrire : Compléter : 145 min = .... h ....min ; l'élève écrit 2 h 25 min.*
***Items :*** *145 min = ...h ... min ; 2 h 30 min = ... min ; 300 min = ... h ; 1 j 6 h = ... h ; 48 h = ... j.*

## Séance 1

### Activités collectives de construction du concept

**Organisation :** Classe entière.
**Matériel :** Matériel photocopiable ci-dessous.
**Collectif :** Prisme et cylindre.

**Activité 1 : Calcul du volume du prisme.**

- Montrer un prisme à base triangulaire.
- Définir les bases et les faces latérales.
- Définir le volume : c'est l'espace parcouru par la base lorsqu'elle effectue une translation selon la hauteur du solide.

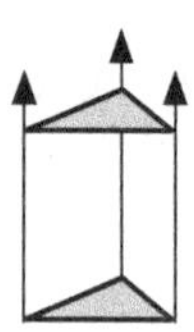

- Dessiner le prisme suivant au tableau (ou distribuer la photocopie)

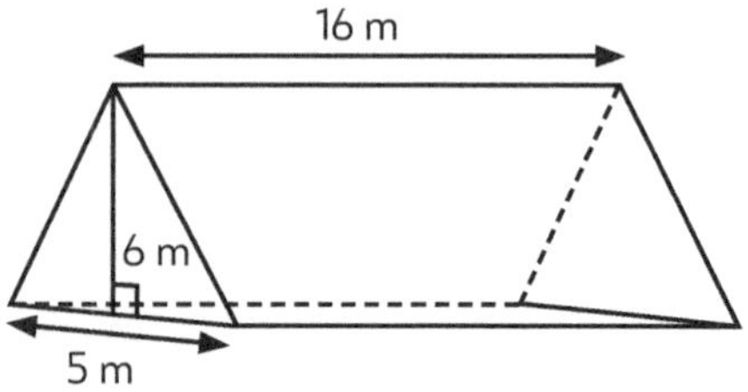


- Faire repérer et colorier les bases, la hauteur du triangle et la hauteur du prisme.
- Faire calculer l'aire de sa base.

L'aire de la base du solide est l'aire du triangle.

$$\text{Aire}_{(\text{triangle})} = \frac{\text{base}_{(\text{triangle})} \times h}{2} = \frac{5\text{ m} \times 6\text{ m}}{2} = 15\text{ m}^2.$$

$$\text{Volume}_{(\text{prisme})} = \text{Aire}_{(\text{triangle})} \times \text{hauteur}_{(\text{prisme})} = 15\text{ m}^2 \times 16\text{ m} = 240\text{ m}^3$$

**Activité 2 : Calcul du volume du cylindre**

- Montrer un cylindre et définir ses bases (les disques).

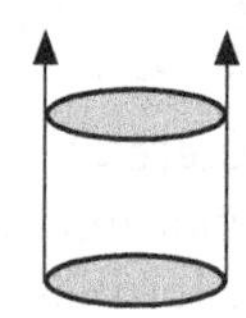

Volume du cylindre =
Aire du disque × hauteur du cylindre.

- Dessiner le cylindre ci-contre au tableau (ou distribuer la photocopie).

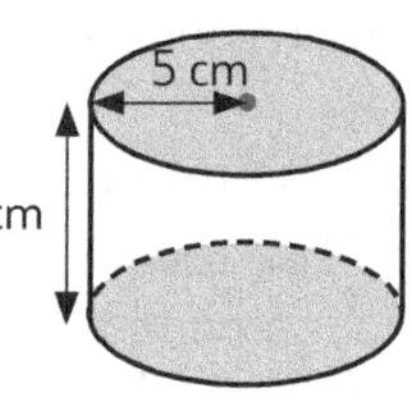


- Faire calculer l'aire de sa base :

$\text{Aire}_{(\text{disque})} = \pi \times R \times R$
$= 3{,}14 \times 5\text{ cm} \times 5\text{ cm}$
$= 78{,}5\text{ cm}^3$

$\text{Volume du cylindre} = \text{Aire}_{(\text{disque})} \times \text{hauteur}$
$= 78{,}5\text{ cm}^2 \times 8\text{ cm} = 628\text{ cm}^3$

**Activité 3 : Exercices 1 et 2 du fichier**

**1** L'exercice 1 montre que le cylindre et le prisme ont un même processus de fabrication et que les formules de calcul de leur volume ont la même structure :
$\text{Volume}_{(\text{solide})} = \text{Aire}_{(\text{base})} \times h$.
**On obtient un prisme avec une base triangulaire.**
**On obtient un cylindre avec une base circulaire.**

**2** L'exercice 2 s'appuie sur l'exercice 1 et particularise les calculs en différenciant les calculs des bases : calcul de l'aire du triangle pour le prisme et le calcul de l'aire du disque pour le cylindre. Ces formules doivent être connues des élèves.

$$\text{Aire}_{(\text{triangle})} = \frac{\text{base}_{(\text{triangle})} \times h}{2}$$

$\text{Aire}_{(\text{disque})} = 3{,}14 \times R \times R.$

Les élèves complètent les calculs avec les mesures fournies par les illustrations.

**$\text{Aire}_{(\text{triangle})} = \dfrac{4\text{ cm} \times 6\text{ cm}}{2} = 12\text{ cm}^2$**

**$\text{Volume}_{(\text{prisme})} = 12\text{ cm}^2 \times 10\text{ cm} = 120\text{ cm}^3$**

**$\text{Aire}_{(\text{disque})} = 3{,}14 \times 5\text{ cm} \times 5\text{ cm} = 78{,}5\text{ cm}^2$**

**$\text{Volume}_{(\text{cylindre})} = 78{,}5\text{ cm}^2 \times 6\text{ cm} = 471\text{ cm}^3$**

## Activités individuelles de mathématisation

### Exercices 3 et 4

**3** Le grenier a la forme d'un prisme à base triangulaire. Son volume se calcule avec la formule correspondant au prisme :

$\text{Volume}_{(\text{prisme})} = \text{Aire}_{(\text{triangle})} \times \text{h}$

$= \dfrac{8\text{ m} \times 4\text{ m}}{2} \times 18\text{ m}$

$= 16\text{ m}^2 \times 18\text{ m} = 288\text{ m}^3.$

*Le grenier a un volume de 288 $m^3$.*

**4** Pour résoudre ce problème, il faut appliquer le calcul du volume d'un cylindre.

$\text{Volume}_{(\text{cylindre})} = \text{Aire}_{(\text{disque})} \times \text{h}$

$= 3{,}14 \times 3\text{ m} \times 3\text{ m} \times 6\text{ m} = 169{,}56\text{ m}^3$

*La cuve peut contenir 169,56 $m^3$ d'eau.*

## Séance 2

## Évaluation formative

### Exercice 5

Cet exercice évalue la connaissance de la formule de calcul du volume du prisme et la capacité à l'appliquer dans une situation quotidienne.

Les nombres sont volontairement choisis petits.

La tente est un prisme à base triangulaire.

Il faut appliquer la formule du calcul du volume d'un prisme droit.

$\text{Volume}_{(\text{prisme})} = \text{Aire}_{(\text{triangle})} \times \text{h}.$

$\text{Aire}_{(\text{triangle})} = \dfrac{\text{base}_{(\text{triangle})} \times \text{h}}{2}$

$= \dfrac{2\text{ m} \times 1\text{ m}}{2} = 1\text{ m}^2.$

*La moustiquaire a une aire de 1 $m^2$.*

$\text{Volume}_{(\text{prisme})} = \text{Aire}_{(\text{triangle})} \times \text{h}$

$= 1\text{ m}^2 \times 3\text{ m} = 3\text{ m}^3.$

*La tente a un volume de 3 $m^3$.*

## Consolidation

### Remédiation : Exercice 6

Les élèves qui connaissent les formules de calcul vont calculer le volume des deux solides pour les comparer.

**Volume du cylindre : $200\text{ cm}^2 \times 10\text{ cm} = 2\,000\text{ cm}^3$.**

**Volume du prisme : $100\text{ cm}^2 \times 20\text{ cm} = 2\,000\text{ cm}^3$.**

Les volumes sont égaux. Montrer que la comparaison des mesures d'aire et de hauteur suffisait pour déclarer l'égalité des mesures de volume : le cylindre possède une aire de base double de celle du prisme mais sa hauteur mesure la moitié de celle du prisme.

### Approfondissement : Exercice 7

Le tuyau est un cylindre. Il faut donc appliquer la formule de calcul du volume du cylindre.

$\text{Volume}_{(\text{cylindre})} = \pi \times \text{R} \times \text{R} \times \text{h}.$

Cet énoncé comporte plusieurs difficultés : il faut tenir compte que c'est la mesure du diamètre qui est donnée dans l'énoncé, être attentif aux unités de mesure (à convertir dans la même unité), et enfin connaître la règle de conversion des $\text{cm}^3$ en L.

50 m = 5 000 cm.

$\text{Volume}_{(\text{cylindre})} = 3{,}14 \times 1\text{ cm} \times 1\text{ cm} \times 5\,000\text{ cm} = 15\,700\text{ cm}^3.$

$15\,700\text{ cm}^3 = 15{,}7\text{ dm}^3 = 15{,}7\text{ L}$

*Le tuyau contient 15,7 L d'eau.*

## Matériel photocopiable

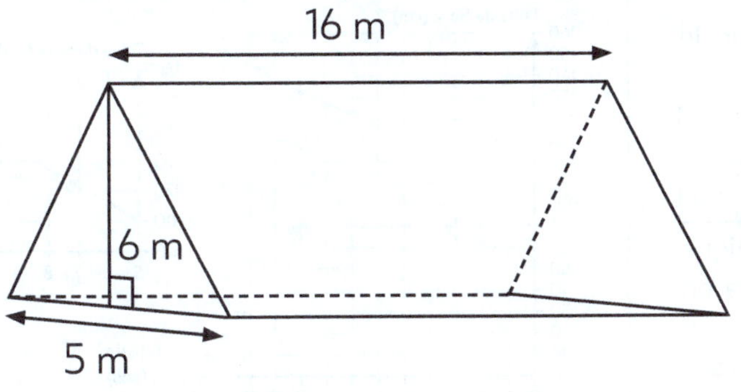


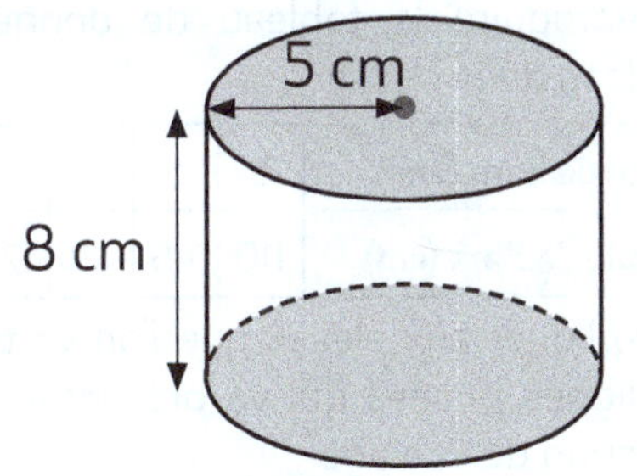

# 24 Organisation et traitement des données (2)

Fichier p. 59

| | |
|---|---|
| **Programme** | **Organisation et traitement des données.** Organisation et traitement des données (2). |
| **Objectifs de l'apprentissage** | Lire et interpréter les données d'un tableau, d'un graphique à colonnes, ou à bâtons, ou d'un graphique à lignes brisées ou d'un diagramme circulaire. |
| **Remarques préalables** | Dans cette deuxième leçon, l'élève va rencontrer les différents types de graphiques et tableaux.<br>Comprendre la construction des axes est essentiel pour lire des valeurs correctes, et notamment la prise en compte des unités.<br>Lorsqu'un axe représente une grandeur continue qui subit des variations, il est fléché. Lorsqu'il représente des valeurs discrètes ou des catégories, il n'est pas fléché. C'est le cas en particulier dans les graphiques en colonnes ou en bâtons.<br>Les unités sont notées entre parenthèses après la légende de l'axe. S'il n'y a pas d'unité, la valeur est lisible directement sur l'axe.<br>Lorsque les données ne peuvent pas être lues directement sur le graphique, elles sont notées à côté du point, de la colonne, de la barre ou du secteur représentatif.<br>**Difficultés de la leçon**<br>– Lire correctement un axe de graphique.<br>– Extraire les données du graphique ou du tableau pour en faire un traitement complémentaire.<br>**Aide**<br>Transformer systématiquement le graphique en un tableau de valeurs, beaucoup plus simple à comprendre. |

**Calcul mental : Tables de multiplication.**

**Séance 1 (sur ardoise)**
*Écrire : Compléter 7 × 6 = ... ; l'élève écrit 42.*

**Séance 2 (sur fichier)**
➜ *Écrire : Compléter 4 × 9 = ... ; l'élève écrit 36*
***Items :** 4 × 9 ; 3 × 7 ; 6 × 8 ; 3 × 6 ; 9 × 9.*

## Séance 1

### Activités collectives de construction du concept

#### Activité 1 : Tracer un graphique en lignes brisées pour comprendre son fonctionnement

**Organisation :** Travail individuel.
**Matériel :** Cahier d'exercices ou papier millimétré ou quadrillage centimétrique (matériel photocopiable en fin de guide), crayon, gomme, règle graduée.

La particularité de ce type de graphique est que les valeurs sont représentées par des points. Le choix de la graduation des axes va donc être essentiel pour que les points soient placés sur les noeuds du quadrillage.

▪ Reproduire le tableau de données suivant sur le tableau de la classe.

| Âge de Sara (ans) | 5 | 6 | 7 | 8 | 9 | 10 | 11 | 12 |
|---|---|---|---|---|---|---|---|---|
| Taille de Sara (cm) | 110 | 115 | 121 | 126 | 132 | 138 | 145 | 151 |

▪ Expliquer aux élèves que l'on va tracer un graphique en lignes brisées qui va présenter la taille de Sara en fonction de son âge.
L'âge sera donné par l'axe horizontal, la taille par l'axe vertical.

▪ Demander de chercher la valeur maximale sur chaque axe (dans un premier temps, on partira d'une graduation zéro à l'origine de chaque axe), puis de faire une proposition de graduation de l'axe horizontal : un carreau par année « d'âge de Sara » semble le plus évident.
Faire tracer ce premier axe en bas de la feuille, en laissant 3 lignes pour les graduations, les valeurs et la légende. Faire de même au tableau.

▪ Pour la taille de Sara, demander si on a la possibilité d'utiliser un carreau par cm. La réponse étant négative, demander quelle valeur on pourrait prendre pour un carreau : réponse attendue 1 carreau = 10 cm.
Faire tracer ce deuxième axe à gauche de la feuille, en laissant 3 colonnes pour les graduations, les valeurs et la légende. Faire de même au tableau. Ne pas oublier la flèche en haut de l'axe.

▪ Pour donner du sens à l'activité, demander de tracer les points sur le graphique et les faire relier pour faire apparaître le graphique en lignes brisées. Cette étape est facilitée par l'utilisation de papier millimétré ou centimétrique. Le quadrillage Seyès n'est pas adapté si on a choisi un carreau pour 10 cm sur l'axe vertical.
Faire le tracé au tableau.

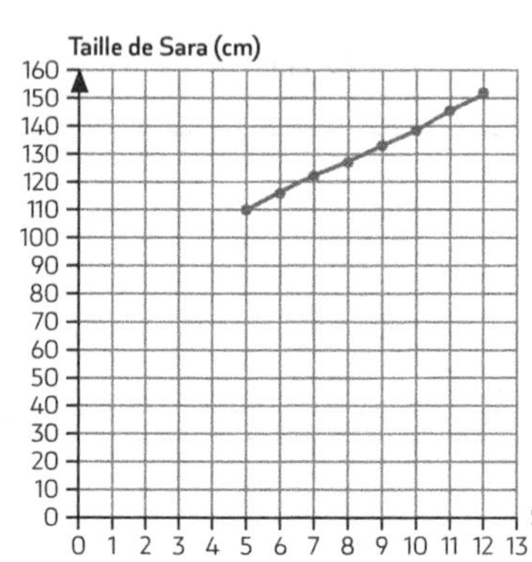


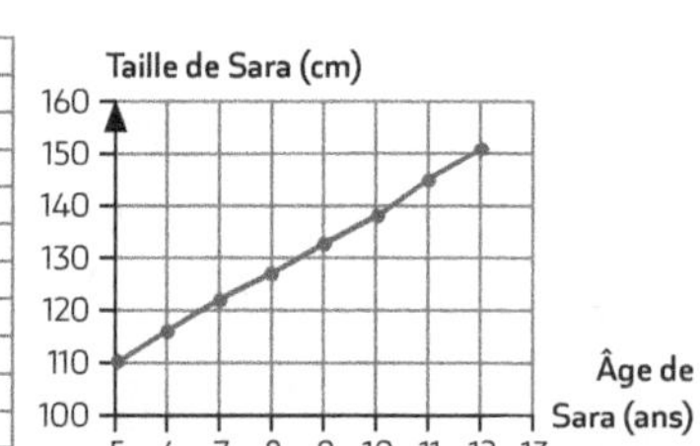

Faire remarquer que toute une partie du graphique n'est pas utilisée (entre 0 et 5 ans, entre 0 et 110 cm) et qu'on pourrait déplacer les axes pour économiser de la place et gagner en précision, sans changer l'allure du graphique.

**Activité 2 : Exercice 1 du fichier**

**1** Dans cet exercice on montrera que deux organisations de données identiques (tableau et graphique) peuvent être complémentaires pour la lecture et la compréhension d'une situation.
Faire observer le tableau de données et le graphique. Demander quelle est la particularité de ce graphique : il y a deux courbes, correspondant chacune à une série de valeurs (ligne) du tableau : Blé, orge, maïs ; Blé seulement.
Demander à quelle ligne du tableau correspond la courbe bleue, puis la courbe orange, en justifiant la réponse. La première approche est purement mathématique, elle consiste à comparer les valeurs du tableau à celles des points du graphique. La deuxième est plus logique, si on s'aperçoit que la quantité de « blé seulement » est contenue dans la quantité de « blé, orge et maïs ». Ainsi quelle que soit la justification, la première ligne du tableau correspond à la courbe bleue et la deuxième ligne à la courbe orange.
Faire remarquer ensuite que si la production baisse, elle sera inférieure à l'année précédente. Ici la lecture sur le graphique est plus simple que sur le tableau.
*La production a baissé en 2015 et en 2016.*
En 2017, la lecture de la donnée chiffrée est impossible sur le graphique, c'est donc le tableau qui sera utilisé. La deuxième ligne sera choisie.
Faire remarquer l'unité associée à la valeur.
*En 2017, la production de blé a été de 7 millions de tonnes.*
Pour la dernière question, les données doivent être extraites puis traitées. La production d'orge et maïs est égale à la différence entre la production de blé, orge et maïs et la production de blé.
10,4 – 7,5 = 2,9
*En 2018, la production d'orge et de maïs était égale à 2,9 millions de tonnes.*

## Activité individuelle de mathématisation

**Exercice 2**
Dans cet exercice, l'élève va devoir extraire des données d'un graphique en colonnes, puis les traiter afin de pouvoir répondre aux questions qui lui sont posées. La tâche est facilitée par l'écriture explicite des valeurs dans le graphique. Inciter toutefois les élèves à vérifier l'unité utilisée en lisant la légende de l'axe vertical.
Pour répondre à la première question, il faut effectuer la somme des trois valeurs (utiliser le cahier d'exercices pour réinvestir la technique de l'addition posée).
120 875 + 152 325 + 155 218 = 428 418
*Le nombre de voitures vendues de 2015 à 2017 est égal à 428 418.*
Pour répondre à la deuxième question, c'est une différence qu'il faut calculer (cahier d'exercices).
155 325 – 120 875 = 34 450
*La différence du nombre de voitures vendues entre 2015 et 2016 est égale à 34 450.*

# Séance 2

## Évaluation formative

**Exercice 3**
Cette évaluation consiste à lire puis à traiter des informations dans un graphique en bâtons.
La superficie de l'Égypte se lit directement sur la graduation de l'axe horizontal. L'élève doit lire également l'unité utilisée.
*La superficie de l'Égypte est de 1 000 000 km².*
Concernant la deuxième question, deux valeurs sont supérieures à 1 500 000 (lecture directe de l'axe horizontal), donc à 1 200 000.
*La Lybie et l'Algérie ont une superficie supérieure à 1 200 000 km².*
La superficie de la Libye se lit directement dans le graphique, celle de l'Algérie est donnée dans l'énoncé. L'élève calcule dans son cahier.
2 381 741 – 1 759 540 = 622 201
*La différence de superficie entre l'Algérie et la Libye est de 622 201 km².*

## Consolidation

**Remédiation : Exercice 4**
Dans un diagramme circulaire, la somme des proportions des secteurs est égale à 100 %.
On constate avec la légende que le beurre correspond au secteur jaune.
100 – (50 + 20 + 12) = 18
*Ce gâteau contient 18 % de beurre.*

**Approfondissement : Exercice 5**
On revient ici sur un calcul de proportionnalité.
La première étape consiste à calculer le nombre total de spectateurs : 240 + 40 + 120 = 400.
Comédie : $\frac{240}{400} = \frac{60}{100} = 60\ \%$
*60 % des spectateurs ont vu une comédie.*

# B5 Bilan de l'unité 5

Fichier pp. 60-61

## Évaluation sommative

| Énoncés | Réponses et commentaires |
|---|---|
| **1 Calcule** en séparant les différentes unités. | 1 h 53 min + 2 h 48 min = 3 h 101 min = 3 h 60 min + 41 min = 4 h 41 min<br>18 min 15 s – 5 min 35 s = 17 min 75 s – 5 min 35 s = 12 min 40 s<br>**Remédiation :** Revenir sur les relations de base : 1 h = 60 min ; 1 min = 60 s. |
| **2 Utilise** le tableau de proportionnalité pour calculer la distance parcourue en 60 min.<br>**Écris** sa vitesse moyenne en km/h. | Distance (km) : 8 ; **32**<br>Durée (min) : 15 ; **60**<br>Le calcul de la distance parcourue par le cycliste en 60 min se fait en remarquant que 60 = 15 × 4, on applique le même coefficient multiplicateur à 8 : 8 × 4 = 32. Sa vitesse moyenne est donc de 32 km/h.<br>**Remédiation :** Rappeler que la vitesse moyenne en km/h est la distance en km parcourue en 1 heure en se déplaçant à la vitesse indiquée. Imaginons 4 trajets successifs de 15 min au cours desquels le cycliste parcourt 8 km. Au terme de ces 4 trajets il aura parcouru 32 km et roulé durant 1 h. Sa vitesse moyenne est donc de 32 km par heure. |
| **3** Un vélo coûte 1 500 Dh, son prix augmente de 5 %. **Calcule** son nouveau prix. | Calcul de la valeur de l'augmentation :<br>5 % de 1 500 Dh = $\frac{5}{100}$ × 1 500 Dh = 0,05 × 1 500 Dh = 75 Dh<br>Nouveau prix : 1 500 Dh + 75 Dh = 1 575 Dh<br>**Remédiation :** Rappeler ce que signifie une augmentation de 5 % pour un prix de 100 Dh, puis pour un prix de 200 Dh, ...puis pour un prix de 1 500 Dh. |
| **4 Construis** en bleu le symétrique de la figure verte par rapport à l'axe bleu, puis construis en rouge le symétrique de la figure bleue par rapport à l'axe rouge. **Colorie** l'angle orange dans chaque figure. | Figure verte Figure bleue Figure rouge<br>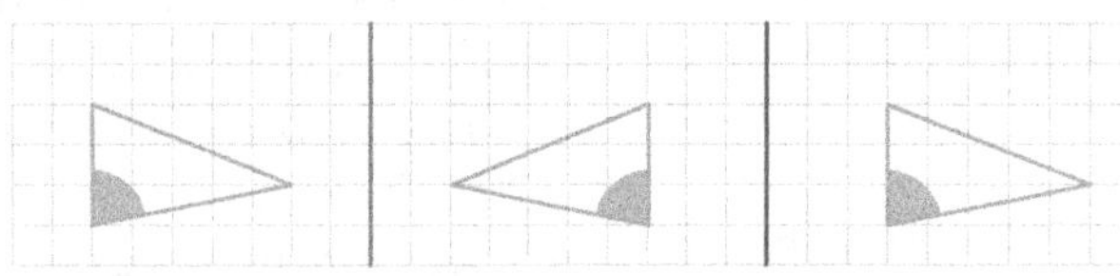<br>Faire remarquer que l'enchaînement de deux symétries axiales d'axes parallèles revient à une translation entre la figure verte et la figure rouge.<br>**Remédiation :** Associer chaque symétrie axiale à l'effet d'un pliage sur papier calque, le pli étant placé à l'endroit de l'axe de symétrie. |
| **5 Calcule** le volume de ce prisme ainsi que l'aire de sa surface latérale. Sa base est un triangle rectangle. | Volume = Aire de base × hauteur Volume = $\frac{8 \text{ cm} \times 6 \text{ cm}}{2}$ × 12 cm = 288 cm$^3$<br>$\text{Aire}_{\text{surface latérale}}$ = Périmètre base × hauteur<br>$\text{Aire}_{\text{surface latérale}}$ = (10 cm + 8 cm + 6 cm) × 12 cm = 288 cm$^2$<br>**Remédiation :** Rappeler les formules de calcul. Faire remarquer que le prisme dessiné n'est pas posé sur sa base et que sa hauteur est ici à l'horizontale. |
| **6 Calcule**, en cm$^2$, l'aire du couvercle d'une boîte cylindrique de 20 cm de diamètre. | Ce couvercle est un disque de 10 cm de rayon.<br>Son aire est donnée par : 3,14 × R × R = 3,14 × 10 cm × 10 cm = 314 cm$^2$<br>**Remédiation :** Rappeler la formule de calcul de l'aire d'un disque et distinguer le diamètre du rayon. |

## Consolidation

| Énoncés | Réponses et commentaires |
|---|---|
| **1 Complète.** | 1 h = **60 min** 88 min = **1 h 28 min** 2 h 75 min = **3 h 15 min**<br>1 min = **60 s** 134 s = **2 min 14 s** 5 min 105 s = **6 min 45 s** |
| **2 Coche** la réponse exacte. **Calcule** le prix après la baisse. | Une baisse de 15 % sur un article valant 200 Dh correspond à **30 Dh**.<br>Prix après la baisse : 200 Dh – 30 Dh = **170 Dh** |
| **3 Calcule** l'aire de la surface latérale de cette boîte de conserve cylindrique. | Périmètre de la base = Circonférence du disque de base = 3,14 × Diamètre<br>Périmètre de la base = 3,14 × 10 cm = 31,4 cm<br>$\text{Aire}_{\text{surface latérale}}$ = Périmètre de la base × hauteur<br>$\text{Aire}_{\text{surface latérale}}$ = 31,4 cm × 12 cm = 376,8 cm$^2$ |

# 25 La division d'un nombre décimal

Fichier p. 62

| | |
|---|---|
| **Programme** | **Nombres et calcul.** La division : la division d'un nombre décimal par un nombre entier naturel de 2 ou 3 chiffres.<br>La division d'un nombre décimal par un nombre décimal (la partie entière de 1 ou 2 chiffres et la partie décimale de 1 ou 2 chiffres de manière à ce que le nombre décimal ne dépasse pas 3 chiffres). |
| **Objectifs de l'apprentissage** | – Diviser un nombre entier naturel par un nombre décimal, un nombre décimal par un nombre entier naturel ou un nombre décimal.<br>– Trouver, expliquer et corriger les erreurs dans une division. |
| **Remarques préalables** | Les élèves connaissent la technique de la division posée et savent diviser un nombre entier par un nombre entier, afin de calculer un quotient décimal.<br>Dans cette leçon, ils vont apprendre à diviser un nombre décimal par un nombre entier ou par un nombre décimal.<br>La division d'un décimal par un entier se rapproche de la division euclidienne, si ce n'est que les chiffres après la virgule dans le dividende ne sont plus obligatoirement des zéros.<br>Pour effectuer la division d'un décimal par un décimal, la méthode consiste à retrouver une situation connue en transformant le diviseur en nombre entier, en multipliant dividende et diviseur par une même puissance de 10.<br>**Difficultés de la leçon**<br>– Comprendre que si on multiplie dividende et diviseur par un même nombre, le quotient sera identique.<br>– Gérer correctement la partie décimale du quotient.<br>**Aide**<br>Revenir à un exemple simple sous forme de produits : 4 × 2,25 = 9 donc 9 ÷ 2,25 = 4<br>4 × 225 = 900 donc 900 ÷ 225 = 4. Le quotient ne change pas si on multiplie le dividende et le diviseur par un même nombre (ici 100). |

**Calcul mental : Calcul du quotient et du reste dans une division par 10 ou par 100.**

**Séance 1 (sur ardoise)**
*Écrire : Quotient et reste de 745 divisé par 10 ; l'élève écrit q = 74 ; r = 5.*

**Séance 2 (sur fichier)**
→ *Écrire : Quotient et reste de 635 divisé par 100 ; l'élève écrit q = 6 ; r = 35.*
***Items :** 635 divisé par 100 ; 308 divisé par 10 ; 845 divisé par 100 ; 523 divisé par 10 ; 1 235 divisé par 100.*

## Séance 1

### Activités collectives de construction du concept

#### Activité 1 : Poser et effectuer une division avec un dividende décimal

**Organisation :** Classe entière.
**Matériel :** Cahier d'exercices, crayon gris, gomme, règle.

- Pour commencer simplement, proposer aux élèves de calculer le résultat de l'opération 4,8 divisé par 3.
- Écrire au tableau : « Un bidon contient 4,8 L d'eau. On remplit équitablement 3 récipients avec son contenu. Combien chaque récipient contiendra-t-il d'eau ? »
- Demander aux élèves quelle opération ils doivent effectuer pour trouver la réponse, puis faire poser cette division sur leur cahier, en insistant sur le tracé à la règle de la potence et le positionnement des chiffres dans les carreaux. Un élève effectue le travail au tableau.
- Demander de calculer le quotient de cette division comme si c'était une division normale, en précisant que lorsqu'on va abaisser les 8 dixièmes de 4,8 on placera une virgule au quotient. Les élèves effectuent le calcul.
- La correction est collective.
- Écrire maintenant au tableau : « Une bouteille de 2,5 L de caramel liquide pèse 3,45 kg. Quelle est la masse de 1 L de caramel ? »
- Demander aux élèves quelle opération ils doivent effectuer pour trouver la réponse, puis faire poser cette division sur leur cahier. Faire de même sur le tableau.
- Demander comment faire pour diviser 3,45 par 2,5 puisqu'on ne sait diviser que par un nombre entier.

Pour guider la réflexion, écrire au tableau 6 ÷ 3 = ... et demander de calculer le résultat.
Écrire ensuite 60 ÷ 30 = ... et 600 ÷ 300 = ... Les élèves constatent que le résultat est toujours le même si on multiplie le dividende et le diviseur par le même nombre.

- Expliquer que l'on va faire de même dans la division posée, en rappelant que chaque fois que l'on multiplie un nombre décimal par 10, on déplace la virgule d'un rang vers la droite. On fait donc des multiplications par 10 successives jusqu'à ce que le diviseur devienne entier. On obtient 34,5 ÷ 25.
- Comparer alors cette nouvelle division avec la précédente et faire constater qu'elle est semblable.
- Faire effectuer l'opération selon le procédé de l'activité précédente.

### Activité 2 : Exercices 1 et 2 du fichier

**1** Faire lire la consigne. Expliquer ce que signifie « en relais » : on va découper la distance totale en 8 parties égales pour que chaque coureur effectue la même distance.
Reproduire au tableau la division posée du fichier en respectant les couleurs des dixièmes et des centièmes.
Un élève vient effectuer la division au tableau. Commenter la démarche.
Lorsque l'élève arrive à la virgule, faire lire la bulle de Mathix pour justifier le placement de la virgule au quotient.
Les élèves terminent le calcul sur leur fichier.
La question concernant le reste est importante pour éviter la confusion suivante : le reste n'est pas égal à 3 mais à 3 centièmes car il est dans la colonne des centièmes.
Faire compléter la phrase et l'égalité.
*Il reste 3 centièmes, c'est-à-dire 0,03 km.*
42,19 = (5,27 × 8) + 0,03
Le dernier coureur devra parcourir la même distance que les autres, plus le reste s'il veut franchir la ligne d'arrivée.
*Le dernier coureur devra parcourir 5,3 km.*

**2** Faire lire la consigne et rappeler l'activité de la bouteille de caramel.
Faire lire la bulle de la fillette, puis faire compléter la première phrase.
*25 kg coûtent 167,5 Dh.*
Reproduire au tableau la division posée du fichier.
Un élève vient effectuer la division.
Commenter la démarche en insistant sur la première étape qui consiste à rendre le diviseur entier.
16,75 divisé par 2,5 ←→ 167,5 divisé par 25.
Faire le lien avec la phrase complétée.
Le quotient de cette division est exact ce qui facilite la réponse.
*1 kg d'oranges coûte 6,7 Dh.*

## Activités individuelles de mathématisation

### Exercices 3 et 4

**3** L'élève doit rechercher le quotient décimal et le reste de deux divisions. Dans la première, le diviseur est entier. Dans la seconde, il faut le rendre entier : on calcule alors une division de deux entiers, 850 ÷ 146.

| | |
|---|---|
| 8 2,4 | 7 |
| − 7 | 1 1,7 |
| 1 2 | |
| − 7 | |
| 5 4 | |
| − 4 9 | |
| 5 | |

| | |
|---|---|
| 8 5 0,0 | 1 4/6 |
| − 7 3 0 | 5,8 |
| 1 2 0 0 | |
| − 1 1 6 8 | |
| 3 2 | |

**4** Pour corriger une opération déjà posée, il est souvent plus simple pour un non-expert de la reposer proprement et de l'effectuer en entier.
Ici le déplacement de la virgule est correct, mais le positionnement de la virgule au quotient s'appuie sur la position initiale de la virgule au dividende. Enfin la dernière décimale devrait être un 5 au lieu d'un 4, qui génère un reste supérieur au diviseur.

| | |
|---|---|
| 7 8/9,7 | 2/5 |
| − 7 5 | ~~3,1 4~~ |
| 3 9 | 3 1,5 |
| − 2 5 | |
| 1 4 7 | |
| − 1 2 5 | |
| 2 2 | |

## Séance 2

## Évaluation formative

**5** L'évaluation porte sur le calcul en autonomie d'une division de deux nombres décimaux. Préciser que le quotient aura un seul chiffre après la virgule.

| | |
|---|---|
| 9 4/6,1 | 5/7 |
| − 5 7 | 1 6,5 |
| 3 7 6 | |
| − 3 4 2 | |
| 3 4 1 | |
| − 2 8 5 | |
| 5 6 | |

## Consolidation

### Remédiation : Exercice 6

12,4 divisé par 5,6 → **124** divisé par 56
56 divisé par 9,78 → **5 600** divisé par 978
24,6 divisé par 1,28 → **2 460** divisé par 128

### Approfondissement : Exercice 7

Un zéro apparaît en partie entière du dividende ou du diviseur.
3,56 divisé par 0,6 → Quotient : 5,93…
0,89 divisé par 2,1 → Quotient : 0,42

# 26 Mesure de la capacité et du volume des solides usuels

Fichier p. 63

| | |
|---|---|
| **Programme** | **Mesure.** Mesure de la capacité et du volume, le prisme droit et le cylindre. |
| **Objectifs de l'apprentissage** | – Reconnaître la règle puis calculer le volume d'un cube, d'un parallélépipède et d'un cylindre droit.<br>– Résoudre des situations-problèmes. |
| **Remarques préalables** | Les leçons 15 et 23 ont traité des volumes des solides usuels : cube, parallélépipède, prisme et cylindre.<br>La leçon 26 revisite les formules des calculs des volumes les plus connus et insiste sur les conversions des volumes en capacités.<br>**Difficultés de la leçon**<br>– Les conversions des volumes en capacités.<br>– La mémorisation des formules.<br>**Aide**<br>– L'affichage permanent des formules.<br>– Pour les conversions des volumes en capacités convertir les mesures des dimensions des solides en dm, les volumes seront ainsi exprimés en $dm^3$. Comme 1 $dm^3$ = 1 L, le passage des volumes aux capacités en est facilité. |

**Calcul mental : Calcul sur les unités de durée.**

**Séance 1 (sur ardoise)**
*Écrire : Compléter 1 h 30 min + 45 min = ... ; l'élève écrit 2 h 15 min.*

**Séance 2 (sur fichier)**
➔ *Écrire : Début 20 h 15 min ; Fin 22 h ; Durée = ...*
***Items :** 20 h 15 ➔ 22 h ; 8 h 30 ➔ 10 h 10 ; 17 h 20 ➔ 19 h ; 1 h 45 min + 1 h 15 min ; 2 h 15 min – 45 min.*

## Séance 1

### Activités collectives de construction du concept

**Organisation :** Classe entière.

**Activité 1 : Les formules**

▪ Écrire au tableau les formules de calcul des volumes du cube, du parallélépipède, du cylindre sans le « V = ».
Demander : « Selon vous, à quoi correspondent ces formules de calcul ? » Les élèves les commentent, posent des questions sur les lettres des formules et proposent des réponses.
Ce sont des formules de calcul du volume.
Ajouter le « V = » devant les formules.
▪ Montrer un cube, un cylindre et un parallélépipède, demander aux élèves d'associer chaque solide à une formule et de justifier leur choix.

**Activité 2 : Volumes et capacités**

▪ Écrire l'énoncé : « Une citerne parallélépipédique mesure 6 m de long, 5 m de large et 2 m de profondeur. Quel est le volume de la citerne ?
Combien de litres d'eau devra-t-on verser pour la remplir ? »
▪ Écrire 1 L = 1 $dm^3$ dans un coin du tableau.
▪ Demander de choisir et de justifier la formule de calcul du volume.
▪ Laisser le temps suffisant pour répondre aux deux questions.
▪ Organiser la discussion ; la correction est collective :
Volume de la citerne = L × l × h = 6 m × 5 m × 2 m = 60 $m^3$.
▪ Il faut convertir 60 $m^3$ en L.
▪ Demander de calculer le volume en convertissant les dimensions de la citerne en dm.
Volume de la citerne = 60 dm × 50 dm × 20 dm = 60 000 $dm^3$ = 60 000 L.
▪ Faire remarquer que la conversion se fait facilement.

**Activité 3 : Exercice 1 du fichier**

Les élèves lisent la consigne. Ils observent les solides et les nomment : le cube, le parallélépipède et le cylindre. Ils relient le nom de chaque solide à sa formule de calcul du volume. Ils justifient leur réponse.
Demander « pourquoi ne demande-t-on qu'une seule mesure sur le dessin du cube bleu ? »
Les élèves expliquent pourquoi : les arêtes du cube sont égales, c'est donc **a** qu'il faut écrire.
Pour le parallélépipède rouge, il faut trois dimensions. Demander la signification des lettres L, l et h.
Le cylindre vert demande deux dimensions, les faire nommer : le rayon R et la hauteur h mais demander aussi ce que signifie la lettre $\pi$ et quand est-elle utilisée.
Demander la signification de $R^2$.
Ces deux lettres ont été introduites en leçon 20 « Mesure de la circonférence d'un cercle et aire d'un disque ».

### Activités individuelles de mathématisation

**Exercices 2 et 3**

**2** Cet exercice demande l'utilisation de deux formules : l'une pour calculer le volume d'un parallélépipède à base carrée, l'autre pour calculer celui d'un cylindre.

Ces deux volumes devant être convertis en L. Pour ces dernières opérations, Mathix s'appuyant sur l'égalité pivot des conversions des volumes en capacités 1 L = 1 $dm^3$, propose de calculer les volumes en $dm^3$ en convertissant les dimensions des solides en dm ce qui facilite les calculs.

Volume de la brique = 1 dm × 1 dm × 2 dm = 2 $dm^3$ = 2 L
Volume de la citerne = 3,14 × 50 dm × 50 dm × 60 dm = 471 000 $dm^3$ = 471 000 L

**3** Ce problème demande l'analyse de l'illustration sur laquelle figurent les dimensions de l'aquarium. Si l'aquarium est cubique, le volume de l'eau est parallélépipédique car la hauteur d'eau est égale à 40 cm – 5 cm = 35 cm.

Le volume d'eau est donc calculé en appliquant la formule V = L × l × h = 40 cm × 40 cm × 35 cm = 56 000 $cm^3$ = 56 $dm^3$ = 56 L

La conversion préalable des dimensions en dm facilite la conversion en L.

*56 L d'eau ont été versés dans l'aquarium.*

## Séance 2

### Évaluation formative

**Exercices 4 et 5**

**4** Le pavé est un parallélépipède. Cet exercice évalue le calcul du volume en $cm^3$ d'un parallélépipède dont les dimensions sont exprimées en cm.

**$V_{(parallélépipède)}$ = 20 cm × 8 cm × 5 cm = 800 $cm^3$.**

**5** Pour calculer la capacité en L d'une casserole dont les dimensions sont exprimées en cm, il faut utiliser la formule de calcul du volume d'un cylindre et effectuer une conversion des $cm^3$ en L, ou des cm en dm pour obtenir des $dm^3$. Attention la formule de calcul demande d'utiliser le rayon or c'est le diamètre de la casserole qui est indiquée sur le dessin.

$V_{(cylindre)}$ = π × R × R × h
= 3,14 × 10 cm × 10 cm × 10 cm
= 3 140 $cm^3$ = 3,14 L

*Cette casserole peut contenir 3,14 L d'eau.*

### Consolidation

**Remédiation : Exercice 6**

Il suffit d'appliquer la formule de calcul du volume d'un cylindre. Les mesures nécessaires à ce calcul sont fournies. Il n'y a pas de conversion à faire.

**$V_{(cylindre)}$ = π × R × R × h = 3,14 × 10 mm × 10 mm × 120 mm = 37 680 $mm^3$.**

**Approfondissement : Exercice 7**

Première difficulté : les dimensions des demi-cercles en bout de gouttière indiquent que la forme de la gouttière est un demi-cylindre.

Deuxième difficulté : convertir les $cm^3$ en L.

$V_{(cylindre)}$ = π × 10 cm × 10 cm × 150 cm = 47 100 $cm^3$.
Volume de la gouttière = 47 100 $cm^3$ ÷ 2 = 23 550 $cm^3$.
23 550 $cm^3$ = 23,55 $dm^3$ = 23,55 L

*La capacité de la gouttière est de 23,55 L.*

# 27 Les relations entre les angles dans les figures usuelles

Fichier p. 64

| | |
|---|---|
| **Programme** | **Géométrie.** La relation entre les angles dans les figures géométriques usuelles. |
| **Objectifs de l'apprentissage** | – Trouver la relation entre les angles des figures usuelles (égaux, complémentaires, supplémentaires).<br>– Résoudre des situations-problèmes en lien avec la mesure des angles. |
| **Remarques préalables** | Les relations qui lient les angles des figures usuelles sont les mêmes que celles existant entre les angles formés par deux droites parallèles coupées par une sécante. C'est en s'appuyant sur cette figure que les élèves découvriront que la somme des angles d'un triangle est égale à un angle plat, soit 180°.<br>En prolongement, tout quadrilatère pouvant être décomposé en deux triangles, la somme des angles d'un quadrilatère sera égale à 360°.<br>**Difficultés de la leçon**<br>– Savoir que la valeur d'un angle ne dépend pas de la longueur de ses côtés ;<br>– Être capable de repérer les angles égaux dans la configuration de base de deux parallèles coupées par une sécante.<br>**Aide**<br>– Travailler sur la configuration de base de deux parallèles en s'aidant de gommettes de couleur pour repérer les angles égaux.<br>– Retrouver cette configuration dans certaines figures usuelles. |

**Calcul mental : Calcul du quotient et du reste.**

**Séance 1 (sur ardoise)**
*Écrire : quotient et reste de 17 divisé par 5 ; l'élève écrit q = 3 ; r = 2.*

**Séance 2 (sur fichier)**
➔ *Écrire : quotient et reste de 20 divisé par 7 ; l'élève écrit q = 2 ; r = 6.*
***Items** : 20 divisé par 7 ; 30 divisé par 8 ; 45 divisé par 6 ; 25 divisé par 8 ; 30 divisé par 4.*

## Séance 1

### Activités collectives de construction du concept

**Organisation :** Groupes de deux élèves.
**Matériel :** Matériel photocopiable ci-dessous, une feuille de papier calque pour chaque groupe.
Pour l'enseignant deux gabarits en carton grand format d'angles supplémentaires.

**Activité 1 : Repérer des angles égaux**

▪ Distribuer le matériel photocopiable à chaque groupe et donner la consigne de travail suivante : « Vous devez rechercher à l'aide de votre feuille de papier calque quels sont les angles égaux à l'angle n° 1. »
▪ Laisser un temps de recherche suffisant, puis organiser une mise en commun au tableau.
On déduit : angle 1 = angle 3 = angle 5 = angle 7.
▪ Préciser que les angles 1 et 3 comme les angles 5 et 7 sont en position d'angles **opposés par le sommet.** Ce qui provoque leur égalité.
▪ Demander à la classe si de nouvelles égalités peuvent être déduites.
Les élèves découvrent que : angle 2 = angle 4 = angle 6 = angle 8.
▪ Conclure en indiquant que sur la figure formée par deux parallèles et une sécante, apparaissent huit angles qui se répartissent en deux « familles » de quatre angles égaux.
Demander de colorier en bleu les pastilles impaires et en rouge les pastilles paires pour faire apparaître ces deux « familles ».

**Activité 2 : Angles supplémentaires**

▪ Afficher les deux gabarits cartonnés d'angles supplémentaires en les plaçant en position d'angles adjacents. Déclarer que ces deux angles sont appelés **supplémentaires** parce que leur somme forme un angle plat.
Montrer avec une règle que deux des côtés des angles sont dans le prolongement l'un de l'autre.
▪ Dessiner un angle au tableau et demander à un élève de venir dessiner l'angle supplémentaire à cet angle : il suffit de prolonger l'un de ses côtés.
▪ Demander à la classe de trouver des angles supplémentaires sur la photocopie qu'ils ont reçue. Après un temps de recherche suffisant organiser une mise en commun : qui montre les nombreux couples d'angles supplémentaires : 1 et 2 ; 1 et 4 ; 3 et 2 ; 3 et 4 ; 5 et 6 ; 5 et 8 ; 7 et 6 ; 7 et 8. Finalement chaque angle portant un numéro pair est le supplément d'un angle portant un numéro impair.

**Activité 3 : Exercice 1 du fichier**

Si on ne considère qu'un seul côté bleu du triangle et les deux droites rouges parallèles on retrouve la même configuration que celle sur laquelle viennent de travailler les élèves.

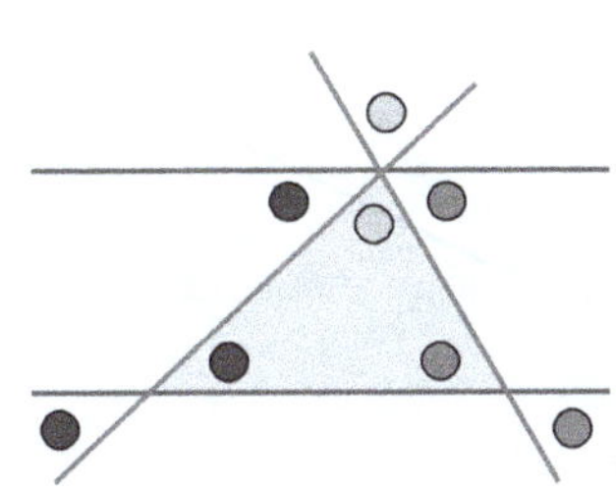

L'angle bleu se retrouve en deux autres angles égaux :

celui qui lui est opposé par le sommet et celui qui se déduit du parallélisme.
Il en est de même pour l'angle vert.
On constate que la somme d'un angle bleu, d'un angle jaune et d'un angle vert est égale à un angle plat.
**La somme des trois angles d'un triangle est égale à 180°.**

## Activités individuelles de mathématisation

### Exercices 2, 3 et 4

**2** Préciser que le quadrilatère servant de support à cet exercice est un parallélogramme dont les côtés opposés sont parallèles.
La configuration des deux parallèles permet d'affirmer l'égalité des deux angles bleus et des deux angles jaunes ayant la parallèle du bas pour côté commun, cette droite jouant dans ce cas le rôle de sécante commune.

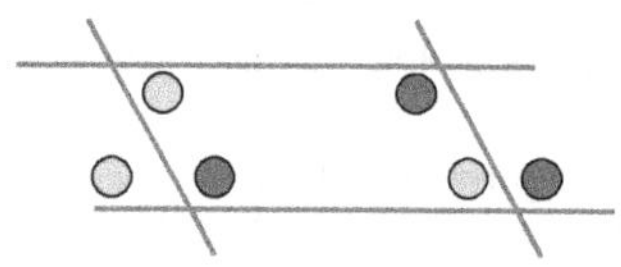

En faisant jouer aux deux autres côtés le rôle de sécante on justifie l'apparition des angles jaune et bleu sous la parallèle du haut.
On peut alors affirmer que la somme des angles bleu et jaune est égale à 180° et en conclure que **ces deux angles sont supplémentaires**.
Les angles opposés d'un parallélogramme sont donc égaux et les angles ayant un côté commun sont supplémentaires.

**3** Les élèves ont découvert dans l'exercice 1 que la somme des trois angles d'un triangle est égale à **180°**. Donc dans le triangle rectangle la somme des deux angles rouge et vert est égale à **90°**. Préciser que dans ce cas les deux angles sont appelés **complémentaires**.

**4** Le quadrilatère est découpé en deux triangles dont **la somme des angles est égale à 180°**.
En additionnant les six angles des deux triangles on obtient une **somme de 360°**.
**La somme des quatre angles d'un quadrilatère est égale à 360°.**

## Séance 2

## Évaluation formative

### Exercices 5 et 6

**5** Dans un triangle équilatéral les trois côtés ont la même longueur et les trois angles sont égaux.
Comme leur somme est égale à 180° on en déduit que **chaque angle mesure 60°**.

**6** D'après l'exercice 4, la somme des quatre angles de ce trapèze rectangle est égale à 360°.
Donc on obtient : 90°+ 90°+ 60°+ ? = 360°, d'où on déduit que : **angle bleu = 120°**.

## Consolidation

### Remédiation : Exercice 7

Dans ce triangle isocèle on peut écrire : 100° + rouge + rouge = 180° donc la somme des deux angles rouges est égale à 80° et **un angle rouge mesure 40°**.

### Approfondissement : Exercice 8

En découpant le pentagone en trois triangles on voit apparaître que **la somme des 5 angles du pentagone est égale à 3 × 180° = 540°.**

## Matériel photocopiable

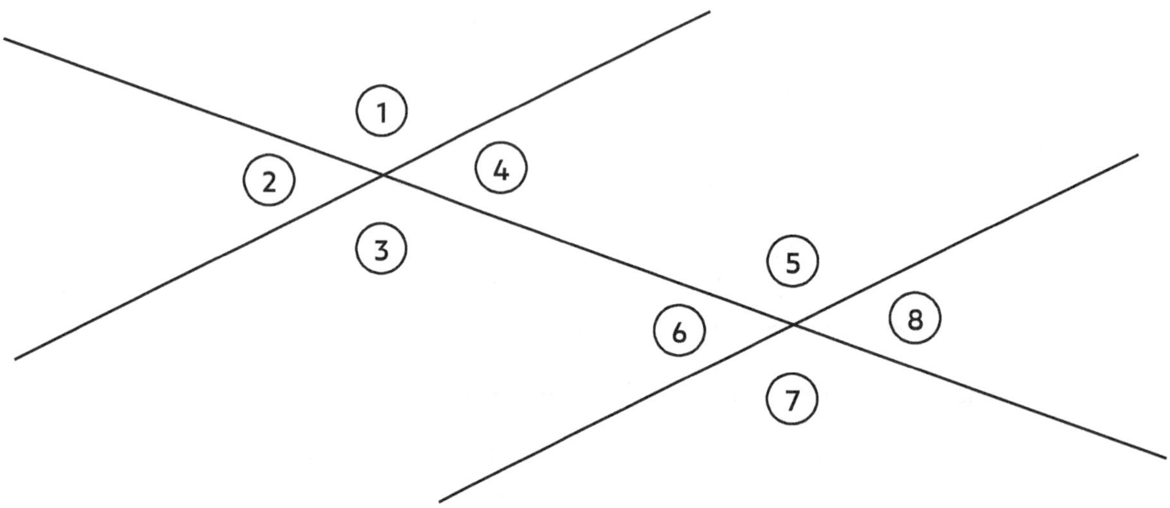

# 28 Organisation et traitement des données (3)

Fichier p. 65

| | |
|---|---|
| **Programme** | **Organisation et traitement des données.** Organisation et traitement des données (3). |
| **Objectifs de l'apprentissage** | Résoudre des problèmes en lisant et interprétant les données d'un tableau ou d'un graphique à colonnes ou à lignes brisées. |
| **Remarques préalables** | Les leçons sur l'organisation et le traitement des données font largement appel à des situations de la vie courante, afin d'amener l'élève à construire ses compétences de façon concrète et progressive, et ce dès l'étape de construction du concept.<br>Contrairement à un exercice d'entraînement où la tâche est clairement identifiée, la situation problème propose une situation inconnue : un énoncé contenant des données, et des questions auxquelles l'élève doit répondre. Dans les leçons sur l'organisation et le traitement des données, l'énoncé présente ces dernières organisées en tableaux ou sous forme de graphiques. Formes particulières qu'il faudra analyser puis traiter mathématiquement.<br>**Difficultés de la leçon**<br>– Comme dans tous les problèmes, la compréhension de l'énoncé est indispensable pour imaginer la situation dans laquelle on se trouve.<br>– Dans un tableau ou un graphique les données peuvent être nombreuses. La sélection des données utiles est une étape difficile.<br>**Aide**<br>– Revenir à des situations proches de l'environnement dans lequel l'élève évolue.<br>– Limiter la quantité de données proposées. |

**Calcul mental : Suites (arithmétiques) de nombres décimaux.**

**Séance 1 (sur ardoise)**
*Écrire : Complète la suite : 0,5 ; 0,7 ; 0,9 ; ... ; l'élève écrit 1,1.*

**Séance 2 (sur fichier)**
➜ *Écrire : Complète la suite : 1,5 ; 2,7 ; 3,9 ; ... ; l'élève écrit 5,1.*
***Items** : 1,5 ; 2,7 ; 3,9 ; ... / 6,2 ; 5,7 ; 5,2 ; ... / 11,8 ; 11,4 ; 11 ; ... / 7,2 ; 8,5 ; 9,8 ; ... / 3,5 ; 5 ; 6,5 ; ....*

## Séance 1

### Activités collectives de construction du concept

**Activité 1 : Tracer un graphique en colonnes pour comprendre son fonctionnement**

**Organisation :** Classe entière.
**Matériel :** Cahier d'exercices ou papier millimétré ou quadrillage centimétrique (matériel photocopiable en fin de guide), crayon, gomme, règle graduée, crayons de couleur.

Dans ce type de graphique les données sont représentées sous forme de bandes colorées dont les hauteurs sont proportionnelles aux valeurs. Ici c'est donc la graduation de l'axe vertical qui va être essentielle pour que les bandes puissent être tracées le plus facilement possible.
À noter qu'un graphique en bâtons n'est autre qu'un graphique en colonnes qui aurait subi une rotation de 90°. Toutes les remarques concernant les graphiques en colonnes sont donc transposables.
▪ Reproduire le tableau de données suivant sur le tableau de la classe.

| Jour | LUN | MAR | MER | JEU | VEN |
|---|---|---|---|---|---|
| Nombre de repas | 200 | 180 | 100 | 160 | 120 |

▪ Expliquer aux élèves que l'on va tracer un graphique en colonnes qui va présenter le nombre de repas servis dans une cantine scolaire durant une semaine.
Les jours de la semaine seront placés sur l'axe horizontal, le nombre de repas sur l'axe vertical.
▪ Demander de compter le nombre de jours que l'on va devoir représenter, puis chercher la valeur maximale du nombre de repas, qui permettra de déterminer la plus haute graduation nécessaire pour l'axe vertical.
Faire remarquer que l'axe horizontal ne sera pas gradué mais qu'il sera découpé en plusieurs zones représentant la base des bandes, séparées par un espace. Demander de faire une proposition de découpage de l'axe horizontal : un carreau par jour et un carreau de séparation semble le plus simple.
Faire tracer ce premier axe en bas de la feuille. Faire de même au tableau. Ne pas mettre de flèche sur cet axe.
▪ Pour le nombre de repas, demander quelle valeur on pourrait prendre pour un carreau : réponse attendue 1 carreau = 10 repas. Les nombres étant des multiples de 20 on peut aussi choisir cette échelle.
Faire tracer ce deuxième axe à gauche de la feuille. Faire de même au tableau. Ne pas oublier la flèche en haut de l'axe.
▪ Pour chaque valeur, l'élève va devoir tracer une bande (rectangle) dont la hauteur sera définie par la graduation de l'axe. Faire utiliser la règle pour progresser le long de l'axe vertical : on s'arrête lorsqu'on a atteint la valeur cherchée. Cette étape est facilitée par l'utilisation de

papier millimétré ou centimétrique. Le quadrillage Seyès n'est pas adapté en général pour tracer des graphiques. Demander de tracer les bandes puis de les colorier avec des couleurs différentes.
Faire le tracé au tableau.

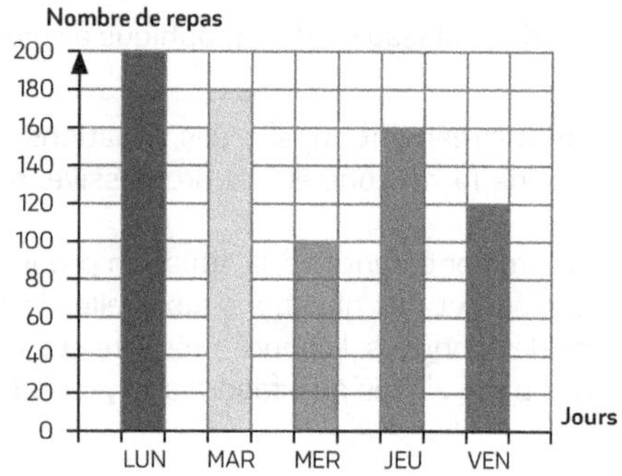


**Activité 2 : Exercice 1 du fichier**

Faire lire l'énoncé, puis observer le tableau.
Reproduire le tableau de données sur le tableau de la classe. Ne remplir que la première ligne.
Demander quel est le prix d'une gomme, puis quel serait le prix de 10 gommes. Faire observer la deuxième ligne du tableau et la reproduire. Les élèves constatent que le prix d'un lot de 10 n'est pas égal à 10 fois le prix unitaire. Faire vérifier avec d'autres fournitures. Faire de même pour un lot de 50. Ceci explique la phrase « Les prix baissent quand la quantité augmente. »
Faire lire la suite. Demander quelles fournitures doit avoir chaque élève (faire énoncer une fourniture de chaque type).
Demander de calculer sur le cahier d'exercices le prix des fournitures pour un seul élève. Veiller à ce qu'il n'y ait pas d'erreur dans les additions de nombres décimaux.
Faire compléter la première phrase.
*Le directeur paierait 54,7 Dh pour un seul élève.*
Faire lire la deuxième partie. Les élèves doivent faire appel aux prix dégressifs des lots. Laisser un temps de recherche individuelle puis écrire les propositions au tableau.
Valider la proposition qui fait appel au calcul suivant :
$4 \times 93{,}5 + 3 \times 22 + 4 \times 2{,}5 = 450$
*Le directeur devra payer 450 Dh pour acheter les stylos.*

## Activités individuelles de mathématisation

**Exercice 2**

Expliciter verbalement la situation, montrer une carte routière si nécessaire. Le chauffeur devra mettre 4 fois du carburant dans son camion.
Au départ, il met 200 L au prix du Maroc (8,24 Dh dans le graphique) : $8{,}24 \times 200 = 1\,648$ Dh.
**Il va payer 1 648 Dh.**
En Algérie, il met deux fois 200 L (2,07 Dh dans le graphique) : $2{,}07 \times 400 = 828$ Dh.
Puis il met encore 200 L en Tunisie (4,90 Dh dans le graphique) : $4{,}90 \times 200 = 980$ Dh.
On additionne enfin les trois montants :
$1\,648 + 828 + 980 = 3\,456$
*Il aura dépensé 3 456 Dh pour aller de Rabat à Sfax.*

## Séance 2

## Évaluation formative

**Exercice 3**

Cette évaluation est guidée, grâce à l'enchaînement des questions.
En observant le graphique on constate que chaque année la population est supérieure à l'année précédente.
*La population africaine augmente.*
Une lecture du graphique permet d'extraire le nombre d'habitants en 2020, mais la difficulté réside dans la lecture de l'unité : **1 340 600 milliers d'habitants ou 1 340 600 000 habitants.**
Une règle est nécessaire pour la question suivante : *le milliard d'habitants a été atteint en 2009.*
Le calcul de l'augmentation se résout en faisant la différence de population entre 2020 et 1980. Encore une fois il faut faire attention à l'unité.
$1\,340\,600 - 476\,400 = 864\,200$
*L'augmentation d'habitants de 1980 à 2020 est égale à 864 200 milliers d'habitants.*

## Consolidation

**Remédiation : Exercice 4**

Cet exercice reprend une lecture très simple de graphique en bâtons. La lecture de l'unité est essentielle pour répondre correctement.
Il y a 37,5 millions d'internautes en Égypte.
Il y a 22,5 millions d'internautes au Maroc.

**Approfondissement : Exercice 5**

L'élève doit organiser les données dans un tableau de proportionnalité après avoir fait les calculs. On passe à la deuxième ligne en divisant par 50 les nombres de la première ligne.

| Liquide | Eau douce | Mercure | Mélasse | Huile d'olive |
|---|---|---|---|---|
| **Masse de 50 L (kg)** | 50 | 680 | 70 | 46 |
| **Masse de 1 L (kg)** | **1** | **13,6** | **1,4** | **0,92** |

# 29 La division : le quotient décimal exact et le quotient décimal approché

Fichier p. 66

| | |
|---|---|
| **Programme** | **Nombres et calcul.** La division : le quotient décimal exact et le quotient de valeur approchée à 1 ; 0,1 ; 0,01 ; 0,001 (la valeur approchée par défaut ou par excès). |
| **Objectifs de l'apprentissage** | Calculer le quotient décimal exact et le quotient décimal de valeur approchée à 1 ; 0,1 ; 0,01 ; 0,001 près par défaut ou par excès. |
| **Remarques préalables** | La notion de quotient est une notion délicate car selon les nombres mis en jeu par la division, le quotient peut être un nombre décimal ou bien un nombre rationnel non décimal, ne possédant comme écriture exacte qu'une expression fractionnaire.<br>Dans ce dernier cas, il est pertinent de s'intéresser aux valeurs décimales approchées de ce nombre.<br>La technique opératoire de la division euclidienne permet, dans les cas simples, de mettre en évidence des suites décimales périodiques illimitées au quotient, cela se produit chaque fois qu'un reste déjà obtenu réapparaît dans le calcul, à partir de ce reste les mêmes chiffres apparaissent dans le même ordre au quotient.<br>**Difficultés de la leçon**<br>- Savoir faire la différence entre un quotient décimal exact et un quotient décimal approché.<br>- Obtenir des valeurs approchées par défaut et par excès, avec différents degrés de précision.<br>**Aide**<br>- Revenir à l'équivalence entre quotient exact et produit.<br>- Définir des intervalles encadrant le quotient décimal approché dont les bornes sont les valeurs approchées par défaut et par excès, son amplitude indiquant la précision des approximations. |

**Calcul mental : Calcul de pourcentages simples.**

**Séance 1 (sur ardoise)**
*Écrire : 10 % de 70 ; l'élève écrit 7.*

**Séance 2 (sur fichier)**
➜ *Écrire : 25 % de 40 ; l'élève écrit 10.*
***Items :** 25 % de 40 ; 50 % de 128 ; 25 % de 80 ; 20 % de 50 ; 50 % de 65.*

## Séance 1

### Activités collectives de construction du concept

**Organisation :** Classe entière.

**Activité 1 : Constater que certaines divisions se terminent alors que d'autres ne se terminent pas**

- Poser quatre divisions au tableau : 12 divisé par 5 ; 13 divisé par 6 ; 15 divisé par 8 ; 20 divisé par 11 ; et demander à quatre élèves de venir les effectuer simultanément devant la classe qui contrôle leurs calculs.
- Deux d'entre elles se terminent par un reste nul :

$12 \div 5 = 2{,}4$ car $2{,}4 \times 5 = 12$

$15 \div 8 = 1{,}875$ car $1{,}875 \times 8 = 15$

La division de 13 par 6 boucle rapidement sur le reste 4 et fait apparaître une suite illimitée de 6 dans la partie décimale du quotient : q = 2,166...

La division de 20 par 11 boucle sur le reste 2 et fait apparaître une répétition illimitée de 18 dans la partie décimale du quotient : q = 1,8181818...

- Interroger la classe pour savoir ce qui distingue ces quatre divisions : deux d'entre elles se terminent par un quotient exact (reste nul qui renvoie à l'égalité entre le dividende et le produit du diviseur par le quotient), deux d'entre elles ne se terminent jamais à cause de la répétition du même reste. Dans ce dernier cas, on se penche sur les valeurs approchées par défaut ou par excès de la valeur du quotient.

**Activité 2 : Valeurs approchées par défaut ou par excès à une précision donnée**

- Analysons les étapes de la division de 20 par 11.

On note q le quotient que l'on recherche.

Poser la division et analyser l'algorithme étape par étape.

- Première étape : Recherche de la partie entière de q : $1 \times 11 = 11$ et $2 \times 11 = 22$.

On choisit 1 comme premier chiffre du quotient car 2 est trop grand. On peut écrire $1 < q < 2$.

- Deuxième étape : Recherche de la première décimale de q : $1{,}8 \times 11 = 19{,}8$ et $1{,}9 \times 11 = 20{,}9$. On choisit 1,8 comme quotient à une décimale car 1,9 est trop grand.

On peut écrire : $1{,}8 < q < 1{,}9$.

- Troisième étape : Recherche de la deuxième décimale de q : $1{,}81 \times 11 = 19{,}91$ et $1{,}82 \times 11 = 20{,}02$. On choisit 1,81 comme quotient à deux décimales car 1,82 est trop grand.

On peut écrire : $1{,}81 < q < 1{,}82$.

On continue ainsi étape par étape à améliorer la précision de l'écriture décimale de q.

Si on note les encadrements de q obtenus à chaque étape, les uns sous les autres on voit l'encadrement se resserrer entre une valeur trop petite (appelée **valeur par défaut**) et une valeur trop grande (appelée **valeur par excès**).

| | |
|---|---|
| $1 < q < 2$ | à 1 unité près |
| $1{,}8 < q < 1{,}9$ | à 0,1 près |
| $1{,}81 < q < 1{,}82$ | à 0,01 près |

Donc 1,81 est la valeur approchée par défaut de q à 0,01 près.

Quand on poursuit le calcul on améliore la précision.

**Activité 3 : Exercices 1 et 2 du fichier**

**1** À la question : « Pourquoi peut-on dire que 3,75 est le quotient exact de 45 par 12 ? » les élèves répondront certainement : « parce que le reste est égal à zéro. ». Cette réponse est mathématiquement correcte, mais elle peut être confirmée par le calcul du produit :
**3,75 × 12 = 45**.
À la question : « Pourquoi peut-on dire que la division de 71 par 11 ne se terminera jamais ? », les élèves qui auront vécu l'activité 1 répondront « parce que le reste 50 réapparaît dans la division, ce qui provoque la répétition des chiffres 5 et 4 au quotient. Cela ne s'arrêtera jamais. ».
On vérifie que 6,454 × 11 n'est pas égal à 71.
**6,454 × 11 = 70,994**

**2** Pour compléter la bulle de Mathix et pour aider les élèves à comprendre l'organisation du tableau qu'ils doivent compléter, il est possible de préciser que la valeur approchée par défaut et la valeur approchée par excès sont séparées par la précision de l'approximation.
Exemple : 6,4 ≤ 71 ÷ 11 < 6,5 avec 6,5 – 6,4 = 0,1.
On en déduit que, pour une précision donnée, la valeur par excès s'obtient en ajoutant la précision de l'approximation à la valeur par défaut.

| | |
|---|---|
| À 1 près : | 6 ≤ 71 ÷ 11 < 7 |
| À 0,1 près : | **6,4** ≤ 71 ÷ 11 < **6,5** |
| À 0,01 près : | **6,45** ≤ 71 ÷ 11 < **6,46** |
| À 0,001 près : | **6,454** ≤ 71 ÷ 11 < **6,455** |

## Activité individuelle de mathématisation

### Exercice 3

Les élèves posent et effectuent sur leur cahier la division de 49 par 15, dès la troisième étape du calcul on voit apparaître la répétition du reste 10, ce qui provoque au quotient la répétition du chiffre 6.
Quotient = 3,26666666...
Ce n'est donc pas un quotient exact.
La bulle de Mathix aide les élèves à obtenir les valeurs approchées par défaut. La remarque faite plus haut permet de calculer les valeurs approchées par excès.
Valeur approchée par défaut à 1 unité près : **3**.
Valeur approchée par excès à 0,1 près : **3,3**.
Valeur approchée par défaut à 0,01 près : **3,26**.
Valeur approchée par excès à 0,001 près : **3,267**.

# Séance 2

## Évaluation formative

### Exercice 4

Les élèves posent et effectuent sur leur cahier la division de 23 par 8. Ils obtiennent un quotient égal à 2,875 et un reste égal à zéro.
Ce quotient est donc un quotient exact.
Sa valeur approchée par défaut à 0,1 près est 2,8.
Sa valeur approchée par excès à 0,01 près est 2,88.

## Consolidation

### Remédiation : Exercice 5

On sait que 35 ÷ 16 = 2,1875.
2,18 est une valeur approchée de ce quotient à 0,01 près car il y a deux chiffres après la virgule et par défaut car 2,18 ≤ 2,1875.
Les élèves le précisent en deux temps, en cochant les propositions qui conviennent.

### Approfondissement : Exercice 6

Les élèves divisent 32 par 99, ils obtiennent pour quotient 0,323232...
S'ils prennent conscience de la régularité de la répétition de la période (32), ils peuvent prévoir que **la dixième décimale sera un 2**.
q = 0,323232323**2**323232...

# 30 Agrandissement, réduction et translation

Fichier p. 67

| | |
|---|---|
| **Programme** | **Géométrie.** L'agrandissement et la réduction. La translation et le glissement. |
| **Objectifs de l'apprentissage** | – Réaliser l'agrandissement et la réduction d'une figure dans un rapport connu.<br>– Déduire le pourcentage d'agrandissement ou de réduction d'une figure donnée.<br>– Dessiner des figures obtenues par la translation de figure données. |
| **Remarques préalables** | L'agrandissement et la réduction sont deux transformations géométriques qui agissent sur les mesures de longueur des côtés d'une figure donc sur sa taille mais pas sur les angles, elles ne changent donc pas sa forme.<br>La translation est un glissement uniforme dans une direction et sur une longueur indiquée par une flèche. Ce glissement conserve les mesures des figures, la figure initiale et la figure translatée sont superposables.<br>**Difficulté de la leçon**<br>– Comprendre qu'un coefficient supérieur à 100 % est un coefficient d'agrandissement, et qu'un coefficient inférieur à 100 % est un coefficient de réduction.<br>– La translation : trouver l'emplacement des images des sommets de la figure.<br>**Aide**<br>Se servir du quadrillage pour trouver les coordonnées des points. |

**Calcul mental : Calcul de produits simples.**

**Séance 1 (sur ardoise)**

*Écrire : Complète 4 × 12 = … ; l'élève écrit 48.*

**Séance 2 (sur fichier)**

➜ *Écrire : 6 × 13 = … ; l'élève écrit 78.*

***Items :*** *6 × 13 = … ; 7 × 14 = … ; 5 × 23 = … ; 4 × 16 = … ; 5 × 38 = … .*

## Séance 1

### Activités collectives de construction du concept

**Organisation :** Classe entière.

**Matériel :** Matériel photocopiable ci-dessous, papier calque, rapporteur.

#### Activité 1 : Agrandir ou réduire une figure

▪ Distribuer les figures polygonales 1 et 2 (photocopie 1).

▪ Interroger la classe sur les ressemblances entre ces deux figures : les tailles sont différentes mais leur forme est identique.

▪ Faire vérifier les angles avec un papier calque ou un rapporteur pour mettre en évidence l'égalité des angles correspondants.

▪ Dessiner au tableau de la classe un tableau de mesures.

| Longueur en cm | AB | BC | CD | DA |
|---|---|---|---|---|
| Figure 1 | ........ | ........ | ........ | ........ |
| Figure 2 | ........ | ........ | ........ | ........ |

(........) (........)

Le faire compléter et trouver l'opérateur.

Il s'agit d'un tableau de proportionnalité.

▪ Conclure que pour passer de la figure 1 à la figure 2, il faut multiplier les mesures des côtés de la figure 1 par 2. Le **coefficient d'agrandissement** est égal à 2 soit à 200 %.

À l'inverse, pour passer de la figure 2 à la figure 1, il faut diviser par 2 les mesures de tous les côtés de la figure 2. Le **coefficient de réduction** est égal à 0,5 soit à 50 %.

#### Activité 2 : Translation

▪ Distribuer la photocopie 2. Faire observer le schéma et demander à quoi correspond la flèche. Si nécessaire, expliquer le rôle de la flèche qui indique la direction et la longueur du glissement que l'on va appliquer au triangle bleu.

▪ Faire reproduire le triangle bleu sur papier calque, puis demander de faire glisser le sommet inférieur le long de la flèche sans faire tourner le calque.

▪ Demander aux élèves de trouver le codage qui a permis de réaliser la translation du sommet inférieur du triangle : 5 carreaux vers la droite, 2 carreaux vers le bas.

▪ Faire observer que le déplacement des deux autres sommets est identique. Les élèves retirent le calque et dessinent la translation.

#### Activité 3 : Exercice 1 du fichier

▪ Faire analyser le dessin, les dimensions des « maisons », suivre le texte pas à pas.

▪ Faire compléter les phrases :

– La figure rouge est un agrandissement de la figure **noire**.

– Les dimensions ont été multipliées par **2**.

– Le coefficient d'agrandissement est égal à **200 %**.

– La figure **noire** est une réduction de la figure rouge.

– Les dimensions de cette dernière ont été multipliées par $\frac{1}{2}$.

– Le coefficient de réduction est égal à **50 %**.

– Le coefficient d'agrandissement de la figure bleue par rapport à la figure noire est égal à **300 %**.

## Activité individuelle de mathématisation

**Exercice 2**

La figure bleue est une réduction. Ses dimensions sont la moitié (50 %) des dimensions du polygone modèle rouge dont tous les côtés suivent les lignes du quadrillage.
La figure verte est un agrandissement de la figure bleue. Ses dimensions sont le double (200 %) de celles de la figure bleue. La figure verte et la figure rouge ont donc **la même taille**. La flèche qui relie le point rouge au point vert montre que la figure verte est le résultat d'une translation de la figure rouge.
On peut vérifier ce glissement en reliant par une flèche chaque sommet de la figure rouge au sommet correspondant de la figure verte. On vérifie les parallélismes des flèches et leur longueur.

### Séance 2

## Évaluation formative

**Exercices 3 et 4**

**3** L'exercice évalue la reproduction d'une figure modèle en multipliant les mesures de ses côtés par 4 (coefficient d'agrandissement de 400 %). La reproduction commence par les côtés qui suivent le quadrillage puis se poursuit par le côté oblique du haut qui prolonge la diagonale d'un carreau, et se termine par le tracé de la grande oblique qui prolonge la diagonale de deux carreaux verticaux.

**4** Translation de la figure modèle. Vérifier que les images des sommets des triangles sont convenablement placées.

## Consolidation

**Remédiation : Exercice 5**

L'exercice reprend le schéma de l'exercice 1 avec une nouvelle figure plus simple : un carré.
Le carré **bleu** est l'agrandissement à 200 % et le carré **rouge** l'agrandissement à 300 %.

**Approfondissement : Exercice 6**

Ce problème rappelle que l'agrandissement se fait sur les deux dimensions de l'image.
**L'image aura 25 cm de longueur et 20 cm de large.**

# Matériel photocopiable

**Photocopie 1**

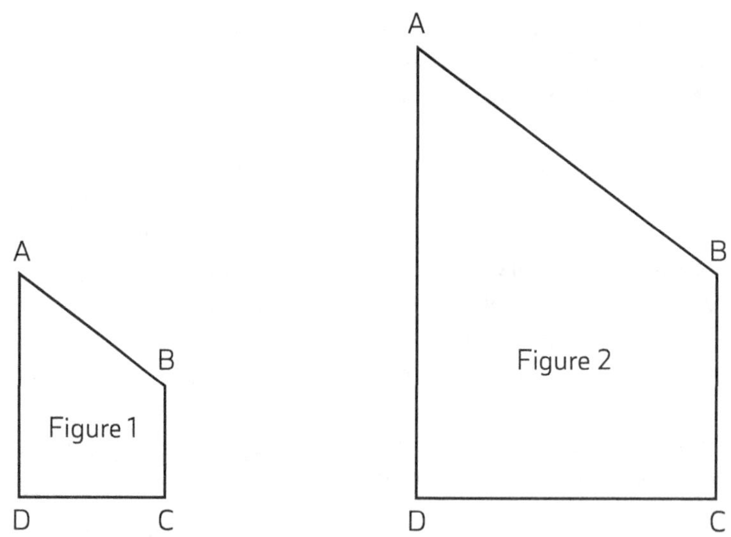


**Photocopie 2**

**Translation**

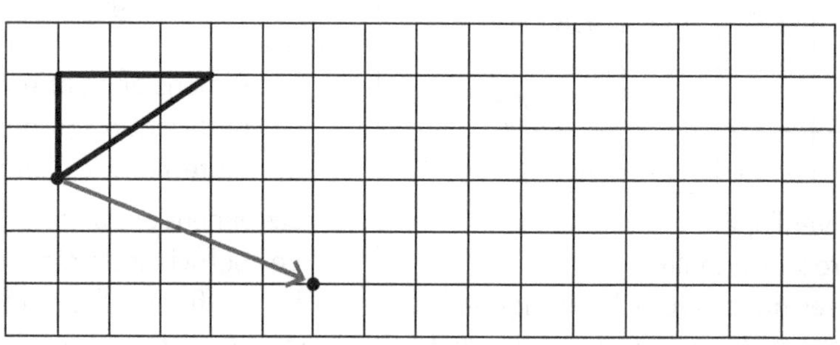

# 31 La puissance 2 et la puissance 3

Fichier p. 68

| | |
|---|---|
| **Programme** | **Nombres et calcul.** La puissance 2 et 3 (le carré d'un nombre et le cube d'un nombre). |
| **Objectifs de l'apprentissage** | - Utiliser les puissances 2 et 3 pour représenter des produits ou pour décomposer des produits ou une partie de produits.<br>- Utiliser les puissances 2 et 3 dans des situations de calcul. |
| **Remarques préalables** | Les puissances apparaissent comme une abréviation d'écriture pour les produits faisant intervenir plusieurs fois le même facteur, l'exposant de la puissance indiquant le nombre de facteurs identiques dans le produit. Les puissances 2 et 3 sont apparues dans les unités d'aire et de volume, il est bon de montrer aux élèves que dans chacun de ces cas leur définition est respectée. Ainsi, une mesure exprimée en $cm^2$ (aire) sera obtenue par le produit de deux mesures exprimées en cm (longueurs). De même, une mesure exprimée en $m^3$ (volume) sera obtenue par le produit de trois mesures exprimées en m (longueurs).<br>**Difficultés de la leçon**<br>- Ne pas confondre le double et le carré, le triple et le cube.<br>- Respecter la taille d'écriture des exposants, pour éviter des confusions entre $4^3$ et 43 par exemple.<br>**Aide**<br>Faire le parallèle entre une somme où le même terme se répète, abrégée sous forme de produit, et un produit où le même facteur se répète, abrégé sous forme de puissance. |

**Calcul mental : Valeur approchée d'un quotient non décimal.**

**Séance 1 (sur ardoise)**
*Écrire : 5 ÷ 7 = 0,7142857...*
*Demander le quotient approché par excès à 0,001 près ; l'élève écrit 0,715.*

**Séance 2 (sur fichier)**
➜ *Écrire : 81 ÷ 13 = 6,23076... Quotient approché à 0,1 près par défaut ? l'élève écrit : 6,2.*
***Items :** Quotient approché à 0,1 près par défaut ? ; Quotient approché à 0,1 près par excès ? ; Quotient approché à 0,01 près par défaut ? ; Quotient approché à 0,01 près par excès ? ; Quotient approché à 0,001 près par défaut ?*

## Séance 1

### Activités collectives de construction du concept

**Organisation :** Classe entière.
**Matériel :** Matériel photocopiable ci-dessous, cubes empilables (jeu de construction).

**Activité 1 : Construire un « carré arithmétique »**

- Distribuer le matériel photocopiable.
- Faire colorier dans une grille quadrillée un carré de 5 carreaux de côté.
- Faire dénombrer les carreaux qu'il contient : 25
Écrire $5^2 = 5 \times 5 = 25$.
- Justifier la dénomination « 5 au carré ».
- Recommencer avec un carré de 7 carreaux de côté.

**Activité 2 : Construire un « cube arithmétique »**

- Distribuer les cubes empilables.
- Faire construire un cube de 2 cubes de côté.
- Faire dénombrer les cubes utilisés : 8
- Écrire : $2^3 = 2 \times 2 \times 2 = 8$
- Justifier la dénomination « 2 au cube ».
Recommencer avec un cube de 3 cubes d'arête.

**Activité 3 : Exercices 1 et 2 du fichier**

**1** Expliciter chacune des bulles de Samir afin de permettre aux élèves de compléter les égalités.
Faire remarquer la taille d'écriture de l'exposant.
Insister sur la lecture de ces nouvelles écritures « carré » et « cube ». Ces dénominations sont justifiées par les activités préparatoires de manipulation de plaques carrées ou de cubes.
$7 \times 7 = \mathbf{7^2} = \mathbf{49}$ ; $10 \times 10 = \mathbf{10^2} = \mathbf{100}$
$5 \times 5 \times 5 = \mathbf{5^3} = \mathbf{125}$ ; $10 \times 10 \times 10 = \mathbf{10^3} = \mathbf{1\,000}$

**2** Faire apprécier l'économie d'écriture que permet l'utilisation des puissances 2 ou 3 dans les décompositions multiplicatives proposées.
$18 = 2 \times 3 \times 3 = \mathbf{2 \times 3^2}$
$40 = 2 \times 2 \times 2 \times 5 = \mathbf{2^3 \times 5}$
$375 = 3 \times 5 \times 5 \times 5 = \mathbf{3 \times 5^3}$
$200 = 2 \times 2 \times 2 \times 5 \times 5 = \mathbf{2^3 \times 5^2}$

### Activités individuelles de mathématisation

**Exercices 3, 4 et 5**

**3** Cet exercice reprend la démarche mise en oeuvre dans l'exercice 2.
Utiliser les puissances 2 ou 3 pour réécrire les produits suivants :
$300 = 3 \times 10 \times 10 = \mathbf{3 \times 10^2}$
$300 = 2 \times 2 \times 3 \times 5 \times 5 = \mathbf{2^2 \times 3 \times 5^2}$
$7\,000 = 7 \times 10 \times 10 \times 10 = \mathbf{7 \times 10^3}$
$400 = 5 \times 5 \times 4 \times 4 = \mathbf{5^2 \times 4^2}$

**4** L'aire A d'un carré de côté c = 7 cm est donnée par :
$A = c^2 = \mathbf{7\ cm \times 7\ cm = 49\ cm^2}$

Le volume V d'un cube d'arête a = 7 cm est donné par :
$V = a^3$ = **7 cm × 7 cm × 7 cm = 343 $cm^3$**
Faire remarquer l'exposant de l'unité ($cm^2$ et $cm^3$) en relation avec la formule de calcul ($c^2$ et $c^3$).

**5** Sara pense que $(5 + 3)^2 = 5^2 + 3^2$, pour savoir si elle a raison les élèves calculent séparément la valeur de chaque membre de cette égalité.
$5^2 + 3^2 = 5 \times 5 + 3 \times 3 = \mathbf{25 + 9 = 34}$
$(5 + 3)^2 = (5 + 3) \times (5 + 3) = \mathbf{8 \times 8 = 64}$
Donc $(5 + 3)^2 \neq 5^2 + 3^2$
Souligner que les puissances ne se distribuent pas sur les sommes, comme les élèves le pensent souvent.

## Séance 2

### Évaluation formative

**Exercices 6 et 7**

**6** Les élèves doivent écrire les décompositions multiplicatives proposées en utilisant la puissance 2 ou 3.
$63 = 3 \times 3 \times 7 = \mathbf{3^2 \times 7}$
$144 = 4 \times 6 \times 6 = \mathbf{4 \times 6^2}$
$225 = 3 \times 3 \times 5 \times 5 = \mathbf{3^2 \times 5^2}$
$11\,000 = 11 \times 10 \times 10 \times 10 = \mathbf{11 \times 10^3}$

**7** Calculer une somme, une différence ou un produit de puissances.
$3^2 + 2^3 = \mathbf{3 \times 3 + 2 \times 2 \times 2 = 9 + 8 = 17}$
$3^2 - 2^3 = \mathbf{3 \times 3 - 2 \times 2 \times 2 = 9 - 8 = 1}$
$3^2 \times 2^3 = \mathbf{3 \times 3 \times 2 \times 2 \times 2 = 9 \times 8 = 72}$

### Consolidation

**Remédiation : Exercice 8**
Cet exercice revient sur les confusions classiques « carré/double » et « cube/triple », que ce soit sous forme multiplicative ($a^3 \neq a \times 3$) ou sous forme additive ($a^2 \neq a + a$).

$7^2 = 49$ (entouré) $6^2 = 6 \times 2$ $12^2 = 12 + 12$
$5^3 = 15$ $9^2 = 9 \times 9$ (entouré) $4^3 = 4^2 \times 4$ (entouré)

**Approfondissement : Exercice 9**
Dans chaque cas on observe que la permutation des mots évoquant un produit (double, triple) et des mots évoquant une puissance (carré, cube), provoque des différences de valeurs.
Le double du carré de 5 = $\mathbf{2 \times 5^2 = 2 \times 25 = 50}$
Le carré du double de 5 = $\mathbf{(2 \times 5)^2 = 10^2 = 100}$
Le triple du cube de 2 = $\mathbf{3 \times 2^3 = 3 \times 8 = 24}$
Le cube du triple de 2 = $\mathbf{(3 \times 2)^3 = 6^3 = 216}$

## Matériel photocopiable

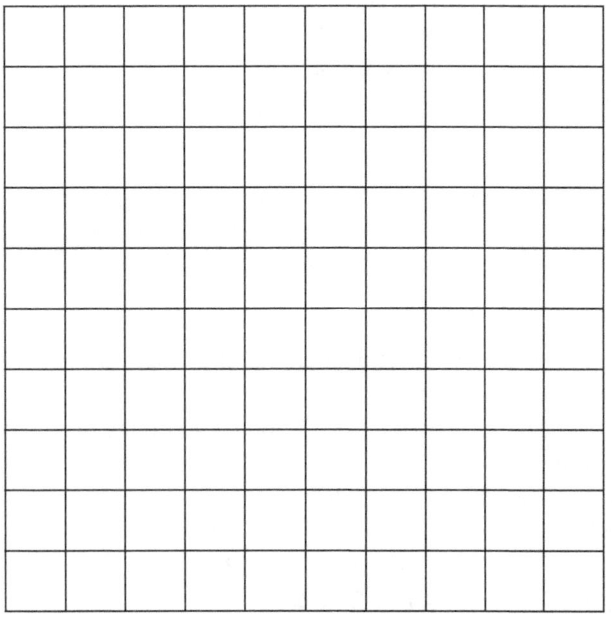

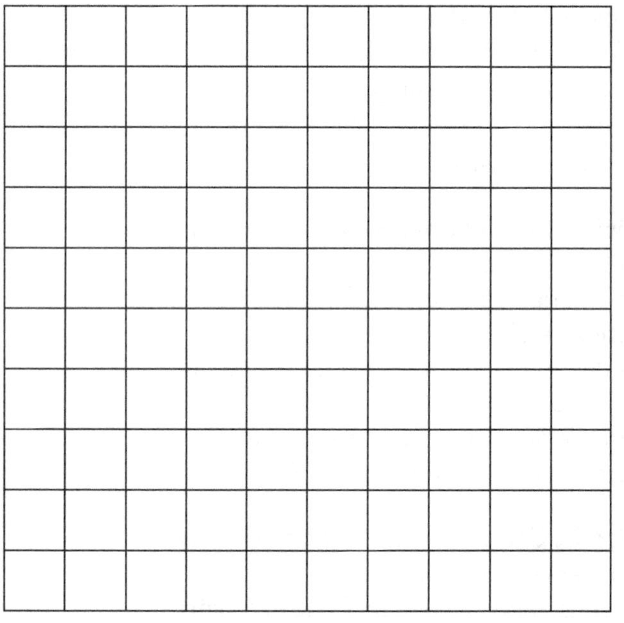

# 32 Organisation et traitement des données (4)

Fichier p. 69

| Programme | **Organisation et traitement des données.** Organisation et traitement des données (4). |
|---|---|
| **Objectifs de l'apprentissage** | Résoudre des problèmes en lisant et interprétant les données d'un tableau, d'un graphique à colonnes, à lignes brisées ou d'un diagramme circulaire. |
| **Remarques préalables** | Dans cette dernière leçon les quatre types de graphiques abordés à l'école primaire sont présents, dans des situations problèmes variées.<br>L'interprétation de l'énoncé des problèmes est aussi importante que la capacité à comprendre le graphique associé et à en lire les données utiles, afin de les traiter pour pouvoir répondre aux questions.<br>C'est ce qui rend ce type de problème complexe difficile à résoudre pour les élèves.<br>**Difficultés de la leçon**<br>- Comme dans tous les problèmes, la compréhension de l'énoncé est indispensable pour imaginer la situation.<br>- Dans un tableau ou un graphique les données peuvent être nombreuses. La sélection des données utiles est une étape difficile.<br>**Aide**<br>- Revenir à des situations proches de l'environnement dans lequel l'élève évolue.<br>- Limiter la quantité de données proposées. |

**Calcul mental : Puissance 2 ou puissance 3.**

**Séance 1 (sur ardoise)**
*Écrire : $5^2$ = ... ; l'élève écrit 25.*

**Séance 2 (sur fichier)**
➜ *Écrire : $2^3$ = ... ; l'élève écrit 8.*
***Items :*** *$2^3$ ; $5^2$ ; $6^2$ ; $10^3$ ; $10^2$.*

## Séance 1

### Activités collectives de construction du concept

#### Activité 1 : Résoudre un problème complexe avec plusieurs sources de données

**Organisation :** Groupes de 4 élèves.
**Matériel :** Matériel photocopiable ci-dessous, brouillons, crayons gris, gommes, calculatrice si nécessaire.

Ce problème complexe de fin d'année va mobiliser de nombreuses connaissances et compétences. Pour cette raison les élèves sont groupés par 4 pour favoriser les interactions.

Il sera utile de permettre l'utilisation du mémo en fin de fichier.

- Distribuer les énoncés du problème aux groupes d'élèves. Faire lire l'énoncé, puis demander de décrire les graphiques associés.
- Faire verbaliser explicitement ce que chaque groupe doit produire, pour être certain que tout le monde a bien compris.
- Demander ce que représente le graphique circulaire ➜ le pourcentage de la surface de l'exploitation qu'occupe chaque culture. Faire remarquer qu'une partie de la surface n'est pas cultivée. Faire de même avec le graphique en colonnes.
- Circuler dans les groupes pour guider la réflexion.

Les différentes étapes sont les suivantes :
- Extraire les pourcentages d'occupation des sols des différentes cultures à partir du diagramme circulaire.
Blé : 40 % ; Maïs : 25 % ; Orge : 20 % ; Soja : 10 %
- Calculer la surface occupée par chaque culture.
Dans l'idéal, les élèves auront constaté qu'il vaut mieux convertir 1,5 million de m² en 150 ha car c'est l'unité qui sera utilisée dans le second graphique et que les nombres sont plus faciles à manipuler.
Blé : 600 000 m² ou 60 ha ; Maïs : 375 000 m² ou 37,5 ha : Orge : 300 000 m² ou 30 ha ; Soja : 150 000 m² ou 15 ha.
- Extraire les rendements des différentes céréales du graphique en colonnes.
Blé : 7,1 t / ha ; Maïs : 9,6 t / ha ; Orge : 7,8 t / ha ; Soja : 3,2 t / ha.
- Calculer pour chaque céréale la quantité produite en multipliant la surface occupée (en ha) par le rendement (en t / ha).
Si la conversion des surfaces n'a pas été faite auparavant, elle doit être faite maintenant.
Blé : 60 × 7,1 t = 426 t ; Maïs : 37,5 × 9,6 t = 360 t ; Orge : 30 × 7,8 t = 234 t ; Soja : 15 × 3,2 t = 48 t
- Présenter sous forme de tableau.

| **Céréale** | Blé | Maïs | Orge | Soja |
|---|---|---|---|---|
| **Production (en t)** | 426 | 360 | 234 | 48 |

#### Activité 2 : Exercice 1 du fichier

Faire lire l'énoncé, puis observer le graphique.
Demander combien il y a de catégories, faire remarquer le point d'interrogation dans le secteur gris. La première question est une simple mise en relation du diagramme et de la légende.
*Le secteur gris correspond à la guitare.*

Demander quelle est la somme des pourcentages dans un graphique circulaire. Cela permet de calculer le pourcentage du secteur gris.

*Le pourcentage du secteur gris est égal à 12 %.*

La question suivante est guidée.

Demander à combien d'élèves correspondent 100 %, puis combien d'élèves ne jouent d'aucun instrument (50 % soit la moitié). Mettre cela en relation avec l'égalité suivante.

Les élèves complètent cette égalité, puis la phrase réponse.

$$N_{(piano)} = 150 \times 24\ \% = 150 \times \frac{24}{100} = 36$$

*Il y a 36 élèves qui jouent du piano.*

## Activité individuelle de mathématisation

### Exercice 2

La langue la plus parlée est celle pour laquelle le nombre de locuteurs est le plus élevé.

*La langue la plus parlée est l'anglais.*

Pour la question suivante, il faut utiliser la bonne unité. La réponse ne sera pas 583,2 mais 583,2 millions.

*583,2 millions d'habitants parlent l'arabe.*

La dernière question demande une interprétation fine de l'énoncé. Elle doit s'effectuer en deux étapes : le calcul du nombre d'habitants qui parlent une de ces 6 langues, puis la différence de ce résultat avec la population mondiale, préalablement convertie en millions.

1 121 + 583,2 + 1 107 + 577 + 284,9 + 697,4 = 4 370,5

7 640 – 4 370,5 = 3 269,5

*3 269,5 millions d'habitants ne parlent aucune de ces 6 langues.*

## Séance 2

## Évaluation formative

### Exercice 3

L'observation de ce graphique montre que chaque année la population d'éléphants est plus faible que l'année précédente.

*Entre 1900 et 2016 la population d'éléphants a diminué.*

L'année 1980 est absente des graduations de l'axe, elle doit être extrapolée. L'unité doit être correctement indiquée.

*En 1980 il y avait 1,3 millions d'éléphants.*

Le point correspondant à 4 millions n'est pas tracé mais il est facilement identifiable car il est situé sur un noeud du quadrillage.

*Il y avait 4 millions d'éléphants en 1930.*

Le dernier calcul est simple : 10 – 0,46 = 9,54

*Entre 1900 et 2016 9,54 millions d'éléphants ont disparu.*

## Consolidation

**Remédiation : Exercice 4**

Un rangement des pourcentages par ordre croissant puis une comparaison visuelle permet de répondre.

C = 5 % ; A = 30 % ; D = 80 % ; B = 95 %

**Approfondissement : Exercice 5**

Le comptage des graduations intermédiaires et la comparaison avec les valeurs de chaque bâton, permet de trouver facilement l'échelle de l'axe : **500 ; 1 000 ; 1 500.**

## Matériel photocopiable

Une exploitation agricole produit du blé, du maïs, de l'orge et du soja.

La surface de cette exploitation est de 1,5 millions de m².

Le graphique circulaire donne la proportion d'occupation du sol des différentes cultures.

Le graphique en colonne présente la production de chaque céréale en tonnes par hectare.

**Quelle est, en tonnes, la production de chaque céréale dans cette exploitation ?**

Présenter ces résultats dans un tableau.

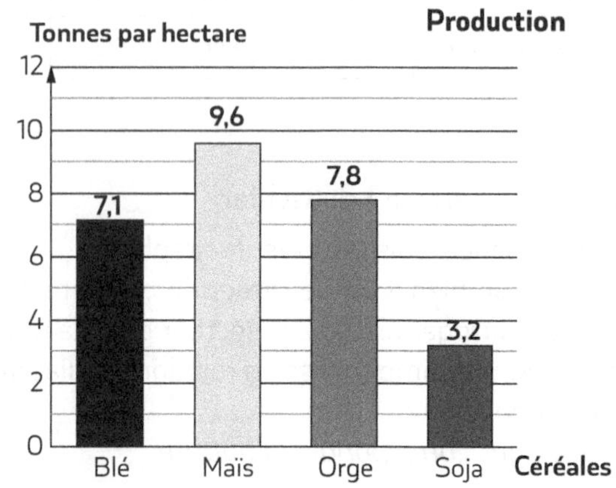


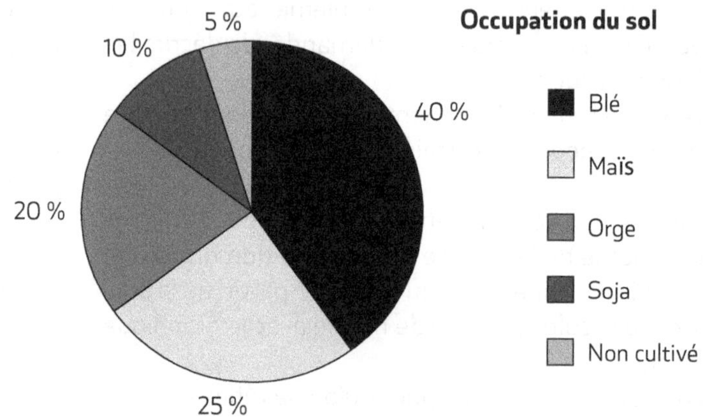

# B6 Bilan de l'unité 6

Fichier pp.70-71

## Évaluation sommative

<table>
<tr><th>Énoncés</th><th>Réponses et commentaires</th></tr>
<tr><td>1 Calcule le quotient exact.</td><td>35,56 ÷ 2,8 = 12,7<br>Remédiation : Expliquer que diviser 35,56 par 2,8 revient à diviser 355,6 par 28.</td></tr>
<tr><td>2 Calcule le quotient de 83 par 17, en t'arrêtant à deux chiffres après la virgule.</td><td>83 divisé par 17 → 4,88…<br>Valeur approchée par défaut à 1 près : 4 ; valeur approchée par excès à 0,1 près : 4,9.<br>Remédiation : Reprendre la technique opératoire pour calculer un quotient décimal. Revenir sur les notions de valeur approchée par défaut et par excès</td></tr>
<tr><td>3 Écris ces décompositions en utilisant les puissances 2 ou 3.</td><td>L'écriture sous forme de puissance ne pose généralement pas de problème.<br>$\mathbf{64 = 8^2}$ ; $\mathbf{700 = 2^2 \times 5^2 \times 7}$ ; $\mathbf{1\,000 = 10^3}$ ; $\mathbf{832 = 13 \times 4^3}$.<br>Remédiation : Insister sur le fait que le nombre en exposant représente le nombre de fois que l'on rencontre le facteur dans un produit.</td></tr>
<tr><td>4 Calcule.</td><td>L'erreur la plus fréquente est la confusion de $3^2 = 3 \times 3$ avec $3^2 = 3 \times 2$.<br>$4^2 \times 5^2 = 16 \times 25 = 400$ ; $5^3 + 5^2 = 125 + 25 = 150$ ; $10^3 - 1 = 1\,000 - 1 = 999$<br>Remédiation : Décomposer le calcul, si nécessaire en utilisant des parenthèses :<br>$(4 \times 4) \times (5 \times 5)$ ; $(5 \times 5 \times 5) + (5 \times 5)$ ; $(10 \times 10 \times 10) - 1$</td></tr>
<tr><td>5 Calcule, en m³, le volume de cette piscine.</td><td>L'élève doit simplement connaître la formule de calcul du volume du parallélépipède.<br>$\mathbf{V = 50\ m \times 25\ m \times 3\ m = 3\,750\ m^3}$<br>Remédiation : Apprendre de façon systématique les formules de calcul des volumes des solides usuels. Utiliser le mémo p. 78.</td></tr>
<tr><td>6 Calcule la mesure de l'angle bleu.</td><td>La somme des angles d'un quadrilatère est égale à 360°.<br>Angle bleu = 360 – (120 + 120 + 90) = 30°<br>Remédiation : Utiliser le mémo p. 79.</td></tr>
<tr><td>7 Réduis la figure orange à partir du point bleu avec un coefficient de 50 %.</td><td>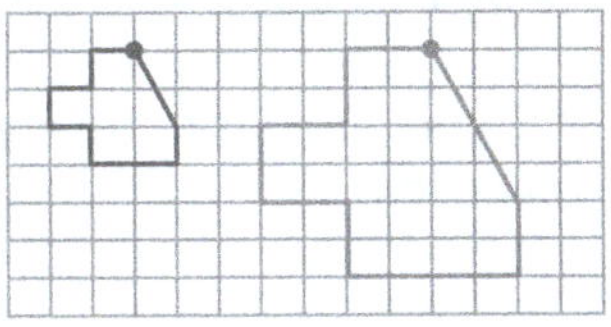<br>Remédiation : Revoir la notion de pourcentage : un pourcentage inférieur à 100 correspond à un rapport inférieur à 1, donc à une réduction ; un pourcentage supérieur à 100 correspond à un rapport supérieur à 1 donc à un agrandissement.</td></tr>
<tr><td>8 Calcule le pourcentage de personnes qui possèdent chaque appareil.</td><td>Si on fait la somme du nombre de personnes de chaque colonne on dépasse 500, ce qui signifie qu'une personne peut posséder plusieurs appareils.<br><table><tr><th>Appareil</th><th>Ordinateur</th><th>Tablette</th><th>Smartphone</th><th>Montre</th><th>Écouteurs</th></tr><tr><td>% des sondés</td><td>52,8</td><td>37</td><td>77,2</td><td>8,4</td><td>23,4</td></tr></table>Remédiation : Reprendre l'exercice en changeant les valeurs pour un panel de 100 personnes.</td></tr>
</table>

## Consolidation

<table>
<tr><th>Énoncés</th><th>Réponses et commentaires</th></tr>
<tr><td>1 Calcule le quotient à un chiffre après la virgule de la division suivante.</td><td>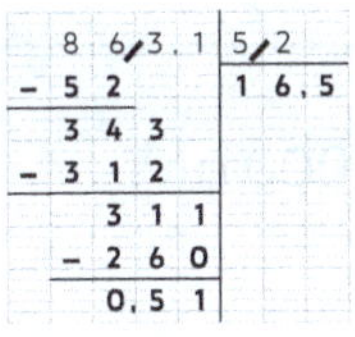<br>86,31 divisé par 5,2 → Quotient : 16,5 ; Reste : 0,51<br>86,31 = (16,5 × 5,2) + 0,51</td></tr>
<tr><td>2 Calcule le volume de ce cylindre en cm³.</td><td>R = 2 dm = 20 cm<br>V = 3,14 × 20² × 50<br>$\mathbf{V = 62\,800\ cm^3}$</td></tr>
<tr><td>3 Complète avec « égaux », « supplémentaires » ou « complémentaires ».</td><td>Les angles bleu et vert sont égaux.<br>Les angles bleu et jaune sont complémentaires.<br>Les angles bleu et rouge sont supplémentaires.</td></tr>
</table>

# S2 Évaluation semestrielle (2)

Fichier pp. 72-73

| Énoncés | Réponses et commentaires |
|---|---|
| **1 Calcule** en respectant la virgule du quotient. | 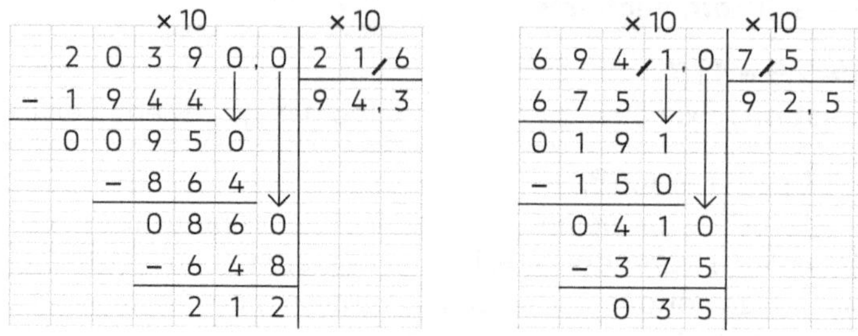<br><br>Erratum : Sur le fichier élève, il manque une colonne dans l'opération de gauche, et la virgule du diviseur est mal placée dans l'opération de droite (lire 7,5).<br>**Remédiation :** Calcul mental → apprentissage des tables de multiplication sous les formes a × b = c, et .... × b = c et pratique des soustractions. Vérifier la manipulation des virgules. |
| **2 Calcule** puis **complète**. | 6 h 48 min 27 s + 3 h 26 min 43 s = 10 h 15 min 10 s<br>5 h 12 min 50 s – 2 h 25 min 20 s = 2 h 47 min 30 s<br>**Remédiation :** Vérifier que les conversions entre les unités de temps sont maîtrisées. |
| **3** Un coureur à pied effectue 9 km en montée en 1 h. Il effectue les 9 km du retour en descente en 30 min. **Quelle est la vitesse moyenne de son parcours ?** | Le coureur parcourt 18 km en 90 min soit 0,20 km/min, donc 12 km en 1 h.<br>La vitesse moyenne est de 12 km/h<br>**Remédiation :** Rappeler la formule de calcul de la vitesse moyenne :<br>Vitesse moyenne = Longueur du trajet / Durée du trajet.<br>Rappel de l'égalité 1 h = 60 min → 1 h 30 min = 90 min |
| **4** Sara prépare sa randonnée dans l'Atlas avec une carte au 1/25 000. Son trajet mesure 24 cm sur la carte. **Quelle sera la longueur de la randonnée réelle ?** | Une carte au 1/25 000 signifie que 1 cm sur la carte représente 25 000 cm soit 250 m dans la réalité.<br>Le trajet de 24 cm sur la carte représente un trajet de 24 × 250 m = 6 000 m = 6 km.<br>Longueur de la randonnée : 6 km.<br>**Remédiation :** Vérifier la connaissance des conversions entre les unités de mesures de longueur. Vérifier la compréhension de l'échelle. |
| **5 Écris** une valeur approchée de $\pi$. | À 0,1 près par excès : $\pi = 3{,}2$<br>À 0,001 près par défaut : $\pi = 3{,}141$<br>**Remédiation :** Vérifier la compréhension des écritures 0,1 et 0,001.<br>Vérifier la connaissance des expressions par excès et par défaut. |
| **6 Calcule.** | $12^2 = 12 \times 12 = 144$ $50^2 = 50 \times 50 = 2\,500$ $10^3 = 10 \times 10 \times 10 = 1\,000$<br>**Remédiation :** Vérifier la compréhension des exposants 2 et 3. Ils ne signifient pas double et triple mais carré et cube, c'est-à-dire le nombre multiplié par lui-même quand il porte l'exposant 2, et le nombre multiplié par lui-même et encore par lui-même quand il porte l'exposant 3. |
| **7 Calcule** le volume de cet assemblage de cubes.<br>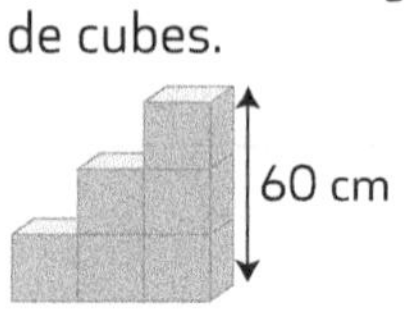<br> | L'arête d'un cube mesure 20 cm.<br>Volume d'un cube : 20 cm × 20 cm × 20 cm = 8 000 $cm^3$.<br>Volume de 6 cubes : 6 × 8 000 = 48 000 $cm^3$<br>**Remédiation :** Expliquer la démarche de résolution.<br>Rappeler que les arêtes du cube ont même longueur. Les cubes de l'assemblage étant identiques, on calcule la dimension d'une arête puis le volume d'un cube. Le volume de l'assemblage est égal au volume de 6 cubes. |

# S2 Évaluation semestrielle (2)

Fichier pp. 72-73

| Énoncés | Réponses et commentaires |
|---|---|
| **8 Trace** le symétrique de la figure ci-dessous. 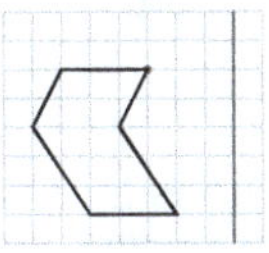 | 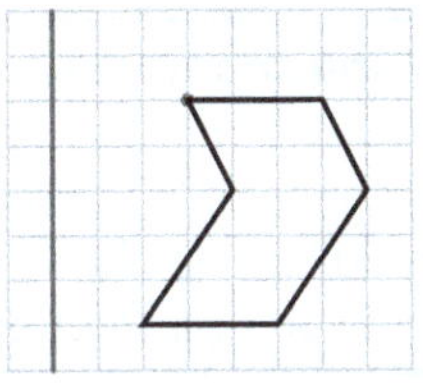 **Remédiation :** Rappel de la propriété importante de la symétrie : un point et son symétrique se situent à égale distance de l'axe de symétrie.<br>Repérer les sommets du modèle et tracer leur symétrique.<br>Joindre ensuite les points pour obtenir la figure symétrique. |
| **9 Colorie** les angles égaux d'une même couleur. **Calcule** la valeur en degrés de chacun des angles. 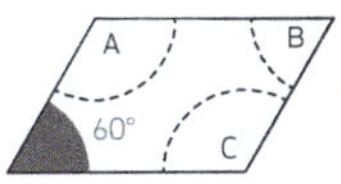  $\widehat{A}$ = .......... =<br>$\widehat{B}$ = .......... =<br>$\widehat{C}$ = .......... = | L'angle B est de la couleur de l'angle déjà coloré qui lui est égal.<br>Les angles égaux A et C sont de même couleur.<br>A = C = 120° ; B = 60°<br>**Remédiation :** L'égalité des angles se vérifie avec un calque ou un rapporteur. Pour le calcul des valeurs des angles, rappeler que la somme des angles d'un quadrilatère est égale à 360°. L'angle B est égal à l'angle coloré en rouge. La somme de ces deux angles est égale à 120°.<br>Les angles A et C mesurent ensemble 360°– 120° = 240°. Chacun d'eux mesurent donc 240 ° ÷ 2 = 120°. |
| **10 Agrandis** cette figure avec un coefficient de 200 %. 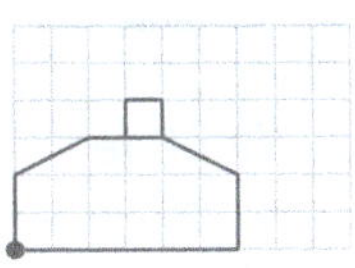 | 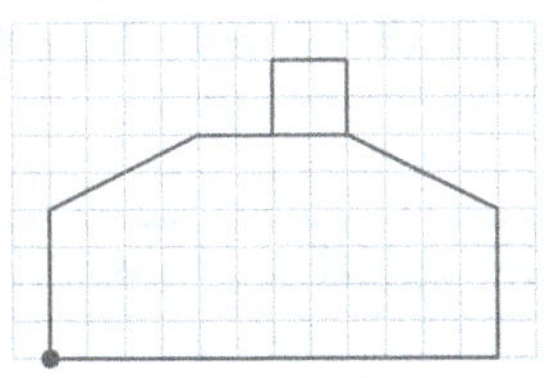 **Remédiation :** Vérifier que toutes les dimensions ont été multipliées par 2.<br>Être attentif aux obliques. La figure agrandie doit avoir la même forme que le modèle. Faire remarquer que les côtés de la cheminée sont multipliés par 2 mais que son aire est multipliée par 4. Il en est de même pour le reste de la maison dont le modèle comporte 16 carreaux et l'agrandissement 64. |
| **11 Calcule** la circonférence d'un cercle de 12 cm de diamètre. | C = 3,14 × 12 cm = 37,68 cm<br>Le cercle a une circonférence de 37,68 cm.<br>**Remédiation :** Le calcul de la circonférence réclame la connaissance de la formule de calcul $\pi \times$ D. |
| **12 Calcule** l'aire d'un disque de 8 m de rayon. | A = 8 cm × 8 cm × 3,14 = 200,96 $cm^2$<br>Aire du disque : 200,96 $cm^2$.<br>**Remédiation :** La connaissance de la formule de calcul de l'aire du disque A = $\pi \times R^2$ ou A = $\pi \times R \times R$ est à vérifier. |
| **13 Calcule** le volume du prisme. 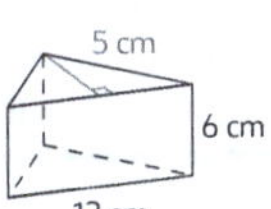  | $V = \frac{12 \text{ cm} \times 5 \text{ cm}}{2} \times 6 \text{ cm} = 180 \text{ cm}^3$ Volume du prisme : 180 $cm^3$.<br>**Remédiation :** La connaissance de la formule du volume du prisme : Aire du triangle × h est à vérifier en même temps que celle de l'aire du triangle : $\frac{\text{Base} \times \text{h}}{2}$. |
| **14 Calcule** le volume du cylindre. 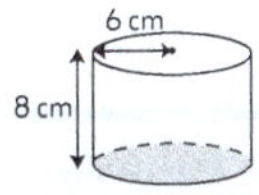  | V = 3,14 × 6 cm × 6 cm × 8 cm = 904,32 $cm^3$ Volume du cylindre : 904,32 $cm^3$.<br>**Remédiation :** La connaissance de la formule du volume du cylindre : Aire du disque × h est à vérifier en même temps que celle de l'aire du disque : $\pi \times R^2$ ou $\pi \times R \times R$. |
| **15 Observe** le diagramme. 180 élèves ont été interrogés. 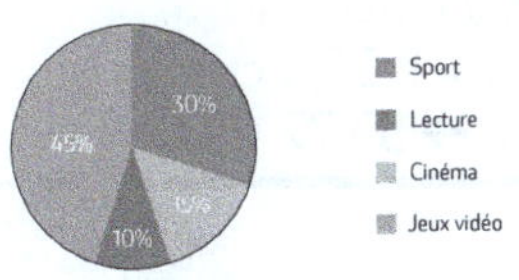  | Range les loisirs dans l'ordre des préférences.<br>**Jeux vidéo ; sport ; cinéma ; lecture**<br>Combien d'élèves préfèrent la pratique du sport ?<br>**30 % des élèves préfèrent le sport. Soit 180 × $\frac{30}{100}$ = 54 élèves.**<br>Combien d'élèves préfèrent lire ?<br>**10 % des élèves préfèrent la lecture. Soit 180 × $\frac{10}{100}$ = 18 élèves.**<br>**Remédiation :** Le pourcentage est une fraction décimale : 30 % = $\frac{30}{100}$ = 0,3.<br>Calculer le pourcentage d'un nombre, c'est prendre une fraction de ce nombre.<br>C'est multiplier ce nombre par le pourcentage, soit sous sa forme fractionnaire $\frac{30}{100}$, soit sous sa forme décimale 0,3. |

# T Traitement de fin d'année

Fichier pp. 74 -75

Pour pouvoir répondre, l'élève doit mettre en œuvre l'ensemble de ses connaissances.

**1** **Range** ces constructeurs d'automobiles dans l'ordre décroissant de leur chiffre d'affaires.

**Connaître les grands nombres.**
- Toyota ; Volkswagen ; Ford ; Fiat ; Peugeot ; Renault
- Toyota, Volkswagen, Ford et Fiat ont dépassé 100 milliards de dollars de chiffre d'affaires.
- Fiat : 121 100 millions $ ; Peugeot : 83 600 millions $.

**2** **Combien cette usine peut-elle produire de yaourts en une année de 365 jours ?**

**Effectuer une multiplication de deux entiers.**
24 600 × 365 = 8 979 000
*Cette usine peut produire 8 979 000 yaourts par année.*

**3** **Entoure** le paquet qu'elle doit choisir pour être sûre que toutes les sucettes seront distribuées.

**Trouver le plus petit multiple commun.**
Entourer le paquet « 35 ».

**4** **Quelle fraction de la pizza Mehdi a-t-il reçue ? Quelle fraction de la pizza Zinedine a-t-il distribuée ?**

**Multiplier, additionner deux fractions.**
$1 - \frac{1}{4} = \frac{3}{4}$ ; $\frac{3}{4} \times \frac{1}{2} = \frac{3}{8}$ *Medhi a reçu* $\frac{3}{8}$ *de la pizza.*
$\frac{1}{4} + \frac{3}{8} = \frac{2}{8} + \frac{3}{8} = \frac{5}{8}$ *Zinedine a distribué* $\frac{5}{8}$ *de la pizza.*

**5** Un filet de 2,5 kg d'oranges coûte 14,25 Dh. **Quel est le prix de 1 kg d'oranges ?**

**Effectuer une division de deux décimaux.**
**Calculer le quotient exact.**
14,25 ÷ 2,5 = 5,7 ; *le prix de 1 kg d'oranges est de 5,70 Dh.*

**6** Yanis a déposé 20 000 Dh sur un livret d'épargne qui rapporte 3,5 % d'intérêts par an. **S'il laisse son argent sur le livret pendant 3 ans, quelle somme possèdera-t-il ?**

**Calculer un capital et un intérêt.**

| Au bout de... | 1 an | 2 ans | 3 ans |
|---|---|---|---|
| Capital (Dh) | 20 000 | **20 700** | **21 424,50** |
| Intérêts (Dh) | **700** | **724,50** | **749,86** |
| Somme totale | **20 700** | **21 424,50** | **22 174,36** |

*Au bout de trois ans, Yanis possèdera 22 174,36 Dh.*

**7** Un cycliste a parcouru 300 km en 9 h 12 min 40 s. Il a pris le départ à 8 h 30 min 45 s précisément. **À quelle heure ce cycliste est-il arrivé au bout de son parcours ?**

**Effectuer une addition de durées.**
8 h 30 min 45 s + 9 h 12 min 40 s = 17 h 43 min 25 s
*Le cycliste est arrivé au bout de son parcours à 17 h 43 min 25 s.*

**8** **Coche** les affirmations exactes.

**Connaître les puissances 2 et 3.**
☑ $10^2 + 4^3 - 5^2 = 139$
☑ $12^3$ est 12 fois plus grand que $12^2$

**9** **Coche** les affirmations exactes.

**Connaître les propriétés des figures géométriques.**
☑ Si $(D_1) \perp (D_2)$ et $(D_1) \perp (D_3)$ alors $(D_2) // (D_3)$.
☑ Une bissectrice partage un angle en deux angles égaux.

**10** **Calcule** le périmètre de la figure A et l'aire de la figure B.

**Calculer un périmètre et une aire.**
$P_{(A)} = 3 + 3 + 3 + 3 + 8 + 3 + (8 - 3) = 28$ m
$A_{(B)} = A_{(triangle)} + A_{(parallélogramme)} = \frac{8 \text{ cm} \times 3 \text{ cm}}{2} + (8 \text{ cm} \times 4 \text{ cm}) = 44 \text{ cm}^2$

**11** **Calcule** la surface du disque supérieur. **Calcule** la surface latérale de la colonne. **Quelle est la surface totale à peindre ?**

**Calculer l'aire latérale et totale d'un solide.**
$S_{(disque)} = 3{,}14 \times 1 \text{ m} \times 1 \text{ m} = 3{,}14 \text{ m}^2$
$S_{(latérale)} = P_{(cercle)} \times h = 3{,}14 \times 2 \text{ m} \times 12 \text{ m} = 75{,}36 \text{ m}^2$
$S_{(totale\ à\ peindre)} = S_{(disque)} + S_{(latérale)} = 3{,}14 + 75{,}36 = 78{,}5 \text{ m}^2$

**12** **Calcule**, en $cm^3$, le volume de la cuve et le volume du cylindre. **Calcule**, en $cm^3$, le volume d'eau que l'on peut verser dans cette cuve. **Exprime** ce volume en L.

**Calculer le volume d'un solide.**
$V_{(cuve)} = 100 \text{ cm} \times 30 \text{ cm} \times 20 \text{ cm} = 60\,000 \text{ cm}^3$
$V_{(cylindre)} = 3{,}14 \times 5 \text{ cm} \times 5 \text{ cm} \times 80 \text{ cm} = 6\,280 \text{ cm}^3$
$V_{(eau)} = 60\,000 - 6\,280 = 53\,720 \text{ cm}^3 \rightarrow 53{,}72$ L

**13** **Complète** le tableau. **Représente** ces pourcentages dans le graphique circulaire ci-dessous.

**Organiser et traiter des données.**

| Notes | 0 | 1 | 2 | 3 | 4 | 5 |
|---|---|---|---|---|---|---|
| % des élèves | **5** | **10** | **10** | **15** | **35** | **25** |

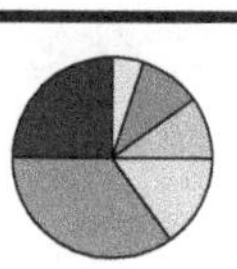

## Matériel photocopiable – Leçon 7

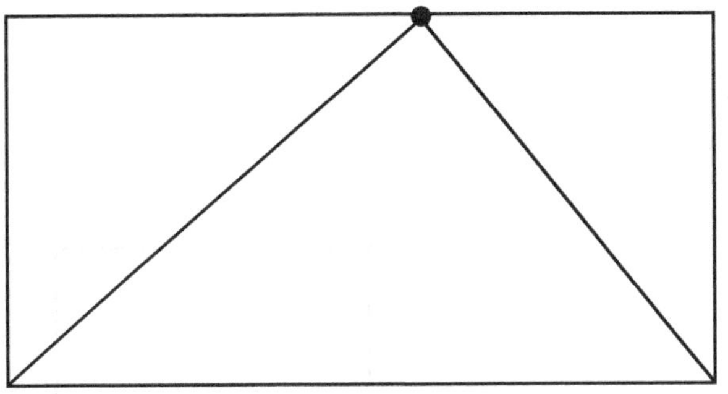

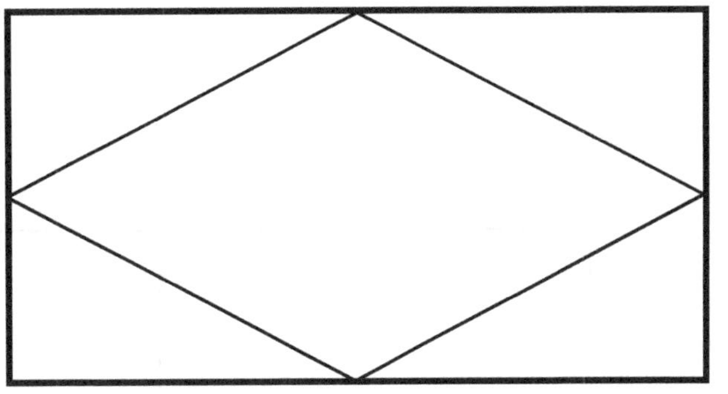

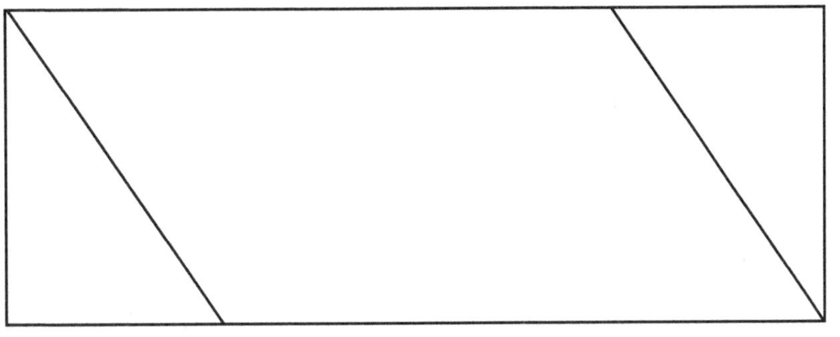

## Matériel photocopiable – Leçon 10

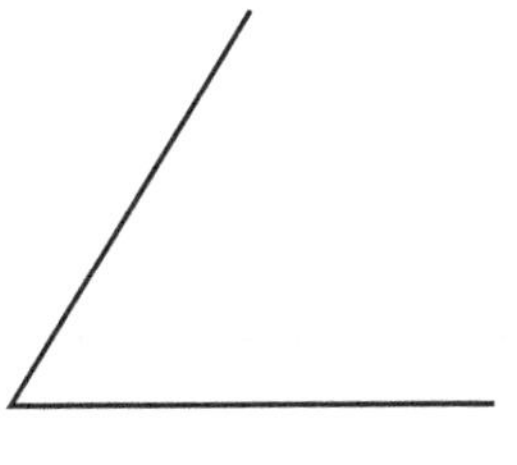

1

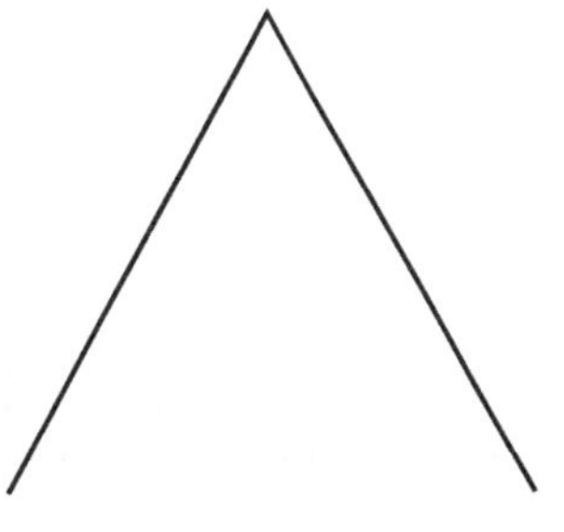

2

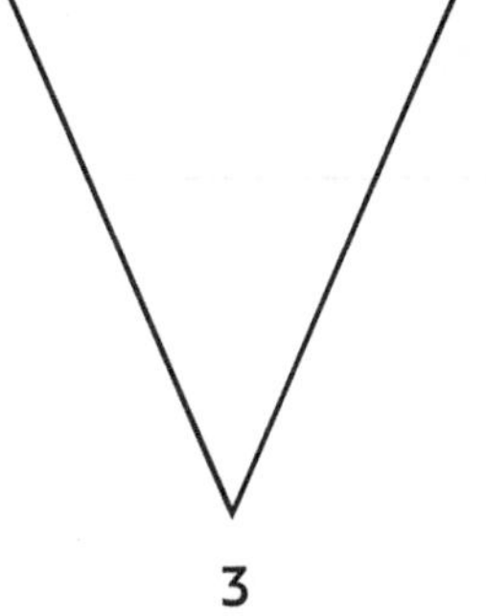

3

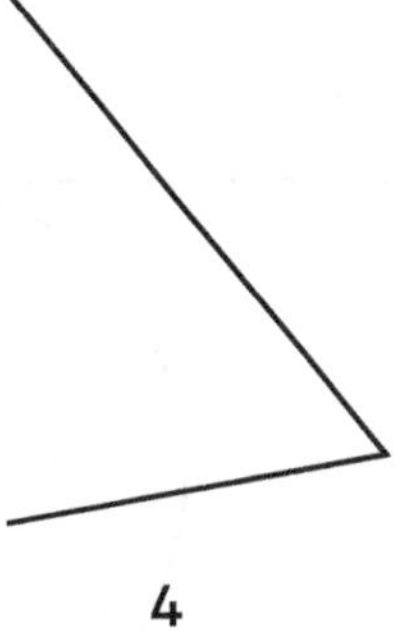

4

# Matériel photocopiable – Leçon 22

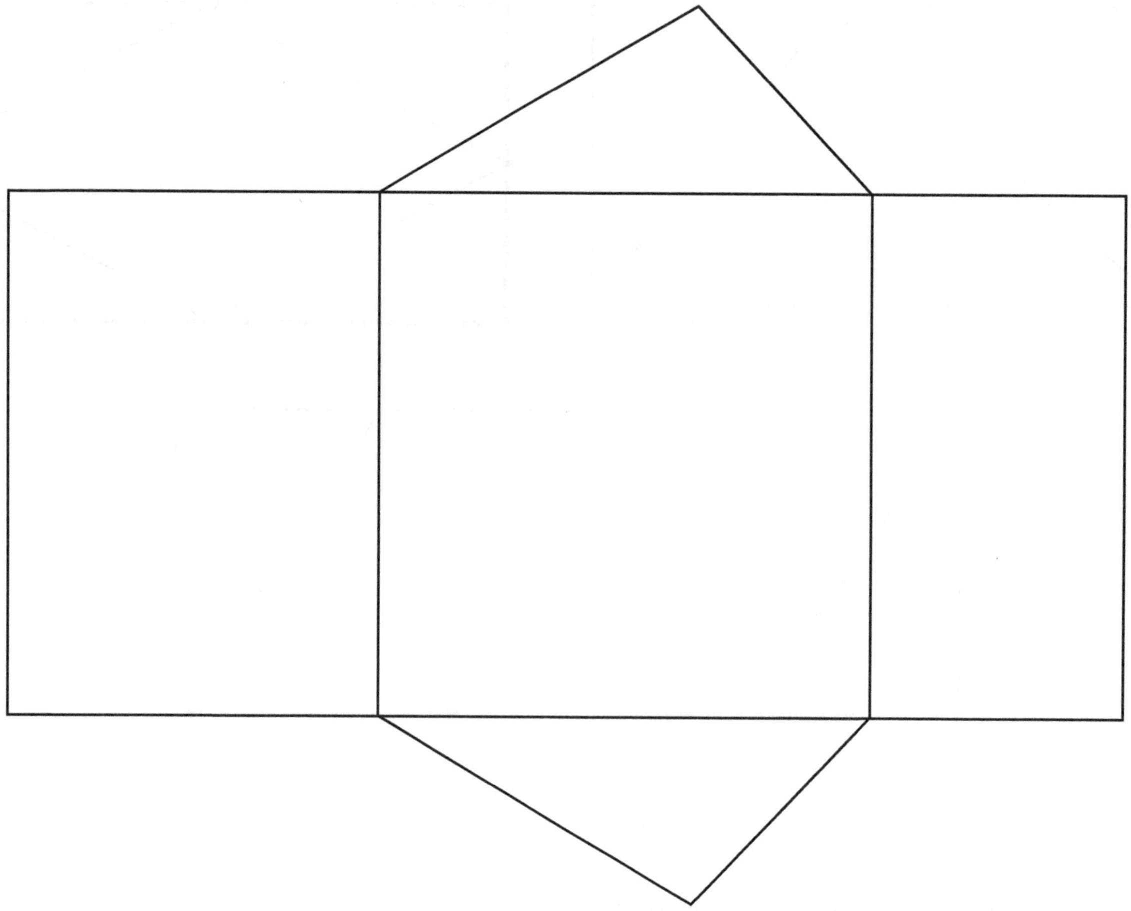

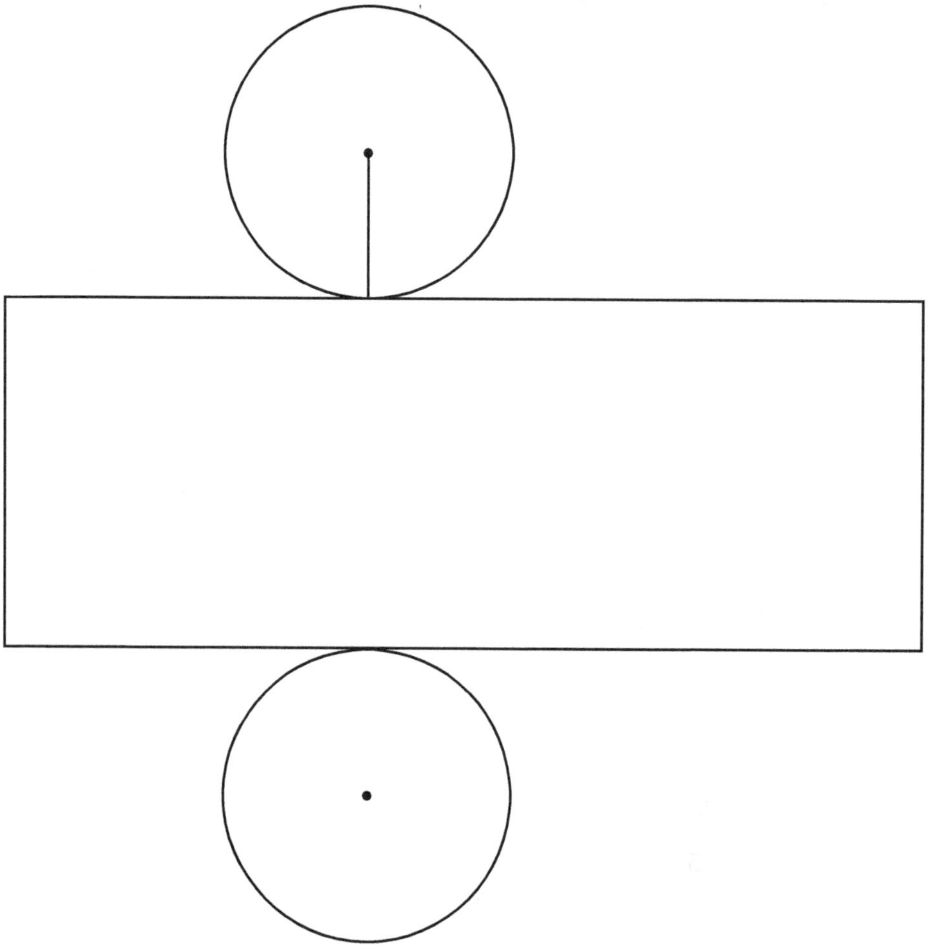

## Pièces et billets

# Quadrillage centimétrique